A sus órdenes, mi general

A sus órdenes, mi general

El caso Cienfuegos y la sumisión de AMLO ante el poder militar

J. JESÚS ESQUIVEL

Grijalbo

A sus órdenes, mi general

El caso Cienfuegos y la sumisión de AMLO ante el poder militar

Primera edición: febrero, 2023

D. R. © 2023, J. Jesús Esquivel

D. R. © 2023, derechos de edición mundiales en lengua castellana:
Penguin Random House Grupo Editorial, S. A. de C. V.
Blvd. Miguel de Cervantes Saavedra núm. 301, 1er piso,
colonia Granada, alcaldía Miguel Hidalgo, C. P. 11520,
Ciudad de México

penguinlibros.com

ISBN: 978-607-382-613-6

Impreso en México – *Printed in Mexico*

Todos los gobiernos mienten
Isidor Feinstein Stone

En el periodismo, el desafío no es ignorar las urgencias de la política,
sino demostrar que el universo es un poco más amplio
Juan Villoro

A México y a los millones de mexicanos que durante décadas hemos padecido atropellos de un sistema judicial corrupto y excluyente, diseñado para proteger a políticos, militares, millonarios, exgobernantes y delincuentes de cuello blanco bajo la cobija de artimañas que la Fiscalía General de la República adjudica selectivamente por medio del mecanismo llamado "criterio de oportunidad"

Índice

Introducción

Le dicen *El Padrino*

Recibí un breve mensaje de texto en mi teléfono que me llenó de ansiedad. Tenía que ser algo importante y muy delicado, de eso no tenía la menor duda.

"¿Podemos vernos en 90 minutos en la Freedom Plaza? No lleves tu teléfono celular." Quien me escribía era un fiscal federal de distrito del Departamento de Justicia de Estados Unidos, a quien conocí en noviembre de 2018 en la Corte Federal del Distrito Este en Brooklyn, Nueva York, al inicio del juicio por narcotráfico contra Joaquín *El Chapo* Guzmán.

La Freedom Plaza (Plaza de la Libertad) se encuentra a media cuadra de la oficina de la revista *Proceso* en el National Press Building (Edificio Nacional de la Prensa), sobre la calle 14, entre la avenida Pensilvania y la calle E, y a tres cuadras de la Casa Blanca. Desde la Plaza se puede ver el Capitolio, y sobre esa misma vena vehicular se encuentra también la sede del Departamento de Justicia.

Era el martes 7 de abril de 2020. Llegué 20 minutos antes de la hora convenida, estaba ansioso. A los pocos meses de concluidos el juicio y la sentencia de cadena perpetua más 30 años de prisión al Chapo, me encontré con el fiscal en Washington durante el receso de una audiencia del juicio en contra de un capo importante del narcotráfico en México. El fiscal me había pedido en otra ocasión que le diera mi número de teléfono. "Sólo te buscaré el día que tenga algo importante e interesante que contarte." Él no me dio el suyo. "Tengo varios, yo te buscaré", se justificó.

Tras 20 minutos de esperar absorto en mis pensamientos, me sorprendió el fiscal cuando se puso frente a mí para saludarme. Me preguntó si llevaba conmigo el celular, le contesté que no, y enseguida cuestionó si llevaba una grabadora. Se la mostré, me la pidió y se cercioró de que estuviera apagada.

"Todo lo que te voy a contar es *off the record*, dejé mis teléfonos en la oficina", comentó y se tocó los bolsillos del pantalón y del saco como para demostrármelo.

Comenzó por exigirme garantías de que nada de lo que me narraría se publicara, pues se trataba de una investigación federal en curso: "eso podría entorpecer la pesquisa y acarrearme una acusación en Estados Unidos por el delito de obstrucción de justicia". Asentí con la cabeza, todo eso lo sabía muy bien tras varios años de cubrir como reportero casos criminales de alcance federal de la Unión Americana. Comenzamos a caminar sobre la explanada.

—Hay en Nueva York, en la Corte del Distrito Este, un caso muy delicado que tiene que ver con tu país. Se trata de un general de las Fuerzas Armadas metido con el narcotráfico. Un general muy importante. La DEA lo ha investigado y tiene pruebas en su contra —me explicó, palabras más, palabras menos. No grabé ni tomé notas, el fiscal no me lo permitió. De modo que no puedo citarlo, pero sí intentar recrear el diálogo.

Quise saber el nombre del general bajo investigación, pero se negó a develarlo. Me aclaró que se trataba de un militar que fue muy importante durante la presidencia de Enrique Peña Nieto. El pitazo me lo daba, como lo planteó él, para que con mis "fuentes mexicanas" intentara descubrir si el gobierno del presidente Andrés Manuel López Obrador estaba enterado del caso.

Entonces me aclaró que si lograba conseguir información del lado mexicano sobre este asunto, podría publicarla en *Proceso*. Por su supuesto que quedaba vetado mencionar alguna fuente estadounidense: la omisión podría ser la salida para un reportero mexicano que provocara un escándalo al anticiparse a la exposición pública no autorizada por una corte federal sobre un caso criminal extraterritorial. Su consejo como abogado no me convenció del todo. Yo sabía que, en caso de publicar la nota, si lograba obtener alguna corroboración del lado mexicano, no precisamente quedaría invulnerable a un pleito con las agencias federales u otras instancias del gobierno de Estados Unidos, aun cuando no mencionara fuentes de ese país.

El fiscal estaba a punto de despedirse cuando le pregunté lo siguiente —esto sí lo cito en forma textual—:

—¿Algo más?

—Creo que al general le dicen *El Padrino* —me respondió y emprendió la caminata hacia el Departamento de Justicia.

Me quedé mirándolo unos instantes en su recorrido por la avenida Pensilvania. Las calles de la ciudad estaban desiertas, habían pasado unas semanas desde que se había declarado la pandemia por covid-19.

En las horas siguientes hice conjeturas sobre lo que me había dicho el fiscal. Barajaba nombres de mis contactos mexicanos de más alto nivel, a quienes intentaría recurrir para cotejar la información. Sin duda, se trataba de una bomba periodística. Lo he dicho en muchas ocasiones: no hay reportero sin suerte. Así que me sentí afortunado.

Comencé cuidadosamente mis indagaciones. Un par de días después del encuentro con el fiscal, llamé por teléfono a mis superiores en *Proceso*: primero, a Jorge Carrasco Araizaga, director, y posteriormente a José Gil Olmos, jefe de información. Ambos, por separado, compartieron mi opinión de que se trataba de información extremadamente delicada e importante. Concluimos que el caso del Padrino era señal de que el gobierno de Estados Unidos había decidido ir con todo y contra todos los exfuncionarios de presidencias anteriores a la de López Obrador que pudieran estar coludidos con los cárteles del narcotráfico de México.

Habían pasado cuatro meses desde que la Administración Federal Antidrogas (DEA, por sus siglas en inglés) había arrestado en Dallas, Texas, a Genaro García Luna, secretario de Seguridad Pública y arquitecto de la guerra militarizada contra el narco en el sexenio de Felipe Calderón. La agencia acusó a su antiguo aliado de ser cómplice de una fracción del Cártel de Sinaloa para trasegar cocaína al mercado estadounidense.

Fuera quien fuera El Padrino, la pista que soltó el fiscal federal de distrito era una jugada diferente de Estados Unidos sobre el tablero de la cooperación bilateral en seguridad y combate al crimen organizado. La DEA había decidido actuar en contra de militares mexicanos de alto rango, justo cuando la estrategia de López Obrador de "abrazos, no balazos" se estaba colocando el uniforme color verde olivo, con el acto de refundir a la antigua Policía Federal en la recién creada Guardia Nacional, a la que comandaría justamente un jefe marcial y no uno civil.

Acordé con Carrasco Araizaga y con Gil Olmos que los tres buscaríamos a nuestras fuentes de información en México, tomando en cuenta la condición impuesta por el fiscal estadounidense. Carrasco Araizaga quiso saber si me mantendría en contacto con el fiscal, lo cual podría ser difícil en el contexto de la pandemia. Supuse que sí y así se lo hice saber. Tenía el presentimiento de que tarde o temprano el fiscal se volvería a comunicar conmigo para saber si mis fuentes en México sabían del caso.

Luego de hablar con el director de *Proceso* pasé unos minutos intentando atar cabos. ¡Eureka! El fiscal tal vez pensaba usarme como carnada para prevenir a sus colegas en Nueva York sobre su actuar contra el general y lo que esto provocaría en México, en caso de que al gobierno de López Obrador le hubiese llegado información de la averiguación.

La inocencia del fiscal, y también la mía, me dieron risa. Tantos años cubriendo temas de narcotráfico en México y Estados Unidos me hicieron entender que si él me utilizaba, también yo me aprovecharía de él. Estaba seguro de que el fiscal sabía muchos detalles del asunto, así que decidí hacer todo lo posible por sacarle la información.

Varias fuentes de información, de ambos lados del río Bravo, me han dado pitazos como ése, aunque de menor nivel. Por supuesto, la regla de confidencialidad en el periodismo me impide citar por su nombre a quienes me proporcionan estos datos. Varios de esos asuntos se me han quedado en el tintero por la misma razón, por lo que cuando los criminales en cuestión resultaron capturados o abatidos, sus historias quedaron lejos de ser primicia de este tecleador. De modo que me prometí investigar todo lo que estuviera a mi alcance sobre el caso del Padrino para no volver a quedarme con la tinta seca.

No sabía exactamente cómo presentar el tema a mis contactos en México. Temía hablar de más y que la información proporcionada por el fiscal llegase a manos equivocadas. Se me hacía difícil —dado el enorme poder e influencia que ejercen las fuerzas armadas de México sobre la presidencia del país— definir a quiénes podría confiar lo que estaba fraguando la DEA. Además, me ha ocurrido en ciertas ocasiones que, tras consultar con una fuente de información mexicana un caso específico, ésta le pasa los datos a otro colega y lo que habría sido exclusivo se transforma en primicia, pero de otro medio de comunicación.

Ése era el primero de mis dilemas: ¿a quién llamar?

Desde su nombramiento al frente de la Fiscalía General de la República (FGR), mantuve una buena relación con Alejandro Gertz Manero, con quien pude hablar siempre sobre algunos casos que estaba investigando. Pensé en él como el primer contacto en México con quien intentaría abordar al asunto del Padrino.

Tal y como él me lo había instruido para cuando quisiera consultarlo por teléfono, llamé a la rectoría de la Universidad de las Américas, en donde su asistente, la señora Isa, tenía la encomienda de avisarle que yo lo estaba buscando. La misma persona se encargaba de triangular la llamada para reportarse conmigo. Pese a que el fiscal general de la República nunca quiso darme el número directo de su oficina, nunca fue necesario.

Una hora después de mi solicitud recibí la llamada en mi celular. Creo que en unos 10 minutos resumí al fiscal el contenido de la conversación que había tenido con mi fuente de información. No le revelé que esa fuente era un fiscal federal de distrito ni le mencioné el apodo con el que los investigadores estadounidenses identificaban al general.

—Es gravísimo lo que me cuenta —recuerdo que fue su primera reacción a lo que le transmití.

Gertz me preguntó si tenía el nombre del general; le contesté que no. Lo que añadí fue que había sido muy importante en la presidencia de Peña Nieto.

—¿Será el exsecretario de la Defensa Nacional?

—No lo sé, pero es posible. ¿Tiene conocimiento de alguna investigación de la DEA a generales mexicanos?

—Nada, voy a preguntar por ahí y me comunico con usted. Si se entera de algo más no dude en llamarme, y así podríamos avanzar.

La sorpresa y preocupación de Gertz Manero me parecieron genuinas, y no era para menos, de modo que me puse a buscar más fuentes de información. Por tratarse de un tema relacionado con Estados Unidos, se me vinieron a la mente dos personajes del gobierno de López Obrador con quienes mantengo una buena relación de trabajo: la embajadora de México en Washington, Martha Bárcena, y el secretario de Relaciones Exteriores, Marcelo Ebrard Casaubón. Esperé un poco antes de comunicarme con ellos, pues tenía la esperanza de que Gertz Manero descubriera algo pronto.

A la semana volví a llamar a la asistente del fiscal, y en pocos minutos me pusieron en la línea con él:

—Todavía nada, pero en eso ando. ¿Sabe usted algo más que me pueda ayudar?

—No, por ahora.

—Bueno, seguimos en contacto.

Fue en esta brevísima conversación telefónica que por vez primera se me vino a la cabeza la posibilidad de que el fiscal no me creyera lo que yo le contaba. De modo que eso mismo me podría ocurrir con la embajadora y con el canciller; se me reducía el campo de acción.

Reitero: vale más suerte que dinero.

Tras no avanzar prácticamente en nada más en el mes de abril, recibí otro mensaje de texto el 12 de mayo. Ahora era de Alan Feuer, reportero de *The New York Times*, a quien curiosamente conocí, como al fiscal federal estadounidense, durante la cobertura del juicio contra El Chapo Guzmán. Entonces apoyé a Feuer con una fuente de información mexicana para su libro sobre el capo sinaloense.

El reportero, que cubre para el rotativo estadounidense las cortes federales en Nueva York y diversos casos criminales, me pedía que cuando tuviera el tiempo me comunicara con él. Cuando por fin pudimos hablar, y tras los respectivos saludos y preguntas sobre cómo nos iba en la vida, Alan fue al grano. Me habló de una información delicada e importante que le había pasado una de sus fuentes. Se trataba de un asunto de corrupción por narcotráfico en México en un alto nivel gubernamental, que requería de comprobación por parte de autoridades del gobierno mexicano como condición para publicarse.

¿Dónde había escuchado eso antes?

Lo dejé seguir sin interrumpirlo. Habló de que ya había empezado con sus pesquisas del lado estadounidense, pero que por ahora no le habían rendido frutos. Entonces me preguntó si tendría interés en que trabajáramos juntos el caso, de modo que la noticia pudiera publicarse al mismo tiempo en *The New York Times* y en *Proceso*.

Paciente, seguí escuchando sin intervenir. Estaba seguro de que Alan ya sabía del caso del Padrino y yo no pretendía quemar mis naves.

—Mi fuente me dijo que investigan a un general: al secretario de la Defensa en la presidencia de Peña Nieto. Le dicen *El Padrino* —soltó Alan.

—Tu fuente es un fiscal federal.

—¿Cómo lo sabes?

—Porque es posible que esa fuente sea la misma que vino a Washington a buscarme para contarme del asunto.

No percibí sorpresa en la voz de Alan. Imaginé que el fiscal federal de distrito estaba interesado en descubrir si el gobierno de México tenía información de lo que hacía la DEA o sobre si era de su conocimiento el posible lazo con el narcotráfico del general. Nuestras publicaciones podrían servirles a sus propósitos, y por eso nos habían dado el pitazo.

Dudo que el fiscal estadounidense se hubiese planteado la posibilidad de que Alan me buscara como compañero para investigar, aunque no lo descarto del todo. Intercambiamos ideas sobre cómo averiguar. Yo me abocaría a mis fuentes en México y Alan a las de su país. No creí pertinente decirle en ese momento que ya había hablado con Gertz Manero; lo haría más adelante. Por lo pronto acordamos que conversaríamos con nuestros jefes para saber si habría disposición para publicar al mismo tiempo la noticia si nuestro trabajo de investigación llegaba a buen recaudo. Esa noche me volví a comunicar con Carrasco Araizaga, quien estuvo de acuerdo con la colaboración, máxime porque yo contaba ya con la experiencia de haber trabajado en un reportaje de investigación con *The New York Times*.

Al día siguiente de hablar con Alan y ponernos de acuerdo, me comuniqué con la embajadora Bárcena. Unos meses antes había llegado a mi domicilio de manera anónima una caja con documentos, todos aparentemente oficiales, del gobierno de Felipe Calderón y de cuando Arturo Sarukhán era representante en Washington de nuestro país. Así que convoqué a la diplomática a un almuerzo un fin de semana para que revisara los papeles y me ayudara a determinar si eran auténticos todos esos folios que yo había recibido. Probablemente picada por la curiosidad, la embajadora aceptó visitarme junto a su marido, Agustín Gutiérrez Canet.

El mismo día busqué telefónicamente a Enrique Calderón Savona, mi editor en esta casa editorial. Le conté que había recibido información de un fiscal y que, junto con un reportero de *The New York Times*, intentaríamos desenredar una madeja muy complicada. En esa conversación no había atisbo de que dos años después el desarrollo del caso se concentraría en este trabajo.

A la mañana siguiente envié un mensaje de texto a Marcelo Ebrard en el que le solicitaba unos minutos de su tiempo para hacerle una consulta. Como siempre, la respuesta del canciller fue positiva. Como Alan me había contado que el fiscal de distrito de su país le dijo que El Padrino era nada más y nada menos que el general Salvador Cienfuegos Zepeda, secretario de la Defensa Nacional en la presidencia de Peña Nieto, consideré que sería más sencillo conseguir algo con las fuentes gubernamentales mexicanas.

—Es muy delicado el asunto —fue la reacción inmediata del canciller.

—Por ello necesito que me ayude a averiguar si en el gobierno del presidente López Obrador saben que al general Cienfuegos Zepeda lo investiga la DEA o sobre si tenía alguna relación con el narcotráfico.

—Déjame hacer algunas consultas y hablamos, te aviso.

Le aclaré a Ebrard que, junto con Alan Feuer de *The New York Times*, estaba trabajando en el asunto. Además, le hice énfasis en que también había hablado con Gertz Manero.

La embajadora Bárcena y su esposo llegaron ese sábado de mayo a mi domicilio. Con las inconveniencias de los cubrebocas y la sana distancia dictados por el inicio de la pandemia, le mostré la caja con los documentos.

Tras revisar minuciosamente varias de las páginas de esos folios, la diplomática confirmó que eran auténticos y que algunos eran incluso originales, como me lo demostró por las firmas de Sarukhán y otros funcionarios de alto nivel del gabinete de Calderón.

Ya un poco más distendidos y luego de compartir una carne asada, le dije a la embajadora que Alan y yo trabajábamos en un asunto de narco-corrupción que involucraba directamente al exsecretario de la Defensa. Con toda transparencia le hablé de que mi fuente era un fiscal federal de distrito; de la manera en que este abogado del Departamento de Justicia nos había buscado por separado a Feuer y a mí; de que en el expediente de la DEA a Cienfuegos Zepeda lo apodaban *El Padrino*; y de que para poder publicar el asunto requeríamos de una fuente mexicana que supiera algo del general recientemente jubilado. Le notifiqué que, así como le informaba a ella, también lo había hecho con Gertz Manero y con el canciller.

Con la embajadora y su esposo hablamos de las posibles implicaciones del tema que, de comprobarse, tendría un fuerte impacto en la relación en materia de seguridad entre México y Estados Unidos con un presidente tan complicado como lo era en ese momento Donald Trump, quien acusaba a los mexicanos de ser culpables de todos los males en su país, en especial del consumo de drogas, y que para solucionarlo decía querer amurallar la frontera común.

Desde ese momento me di cuenta de que Martha Bárcena entendió que más allá del efecto negativo en la relación bilateral, de la cual ella estaba a cargo, la presunta investigación de la DEA a Cienfuegos Zepeda podría tener repercusiones graves entre las filas marciales mexicanas.

Al igual que Gertz Manero y Ebrard Casaubón, la embajadora prometió averiguar y mantenerme al tanto.

En la mañana del 16 de mayo de 2020, Feuer me volvió a preguntar por mensaje de texto cómo iban mis consultas sobre El Padrino. Subrayó que estaba aplicando un nuevo método para conseguir información y le comenté que, seguramente por tratarse de un asunto sensible, requería de tiempo y mucha paciencia. La tarde de ese mismo día recibí otros dos mensajes de Feuer:

"Creo que Roberta Jacobson —exembajadora de Estados Unidos en México— sabe de esto".

"Hay otro, el subjefe de la misión de la embajada de Estados Unidos, de apellido Duncan, que también sabe y que aparentemente ayudó a cerrar la investigación."

Respondí con el compromiso de que daría seguimiento a sus datos y de que lo buscaría si lograba obtener mayor información.

El paso siguiente fue comunicarme nuevamente con Gertz Manero. Le transmití los datos nuevos: que el investigado era el exsecretario de la Defensa, que posiblemente la exembajadora Jacobson sabía del caso y que otro diplomático estadounidense de apellido Duncan podría haber intervenido para echar abajo la investigación. El fiscal me transmitió que se daba por enterado y que por el momento no había podido conseguir nada con las personas que había consultado. "Manténgame informado", me dijo antes de colgar.

Luego llamé a la embajadora Bárcena y al canciller. Ninguno de los dos había logrado obtener nada en concreto. La primera me explicó que sólo había conseguido recoger comentarios respecto a que el gobierno de Estados Unidos, desde que concluyó el juicio contra El Chapo, tenía interés en dar seguimiento a denuncias de corrupción por narcotráfico de funcionarios de alto nivel en el gobierno que encabezó Peña Nieto.

Entre mayo y agosto de 2020 hablé por teléfono con Feuer no menos de una decena de ocasiones. Estábamos atorados porque nuestras fuentes no lograban conseguir nada en concreto, y eso nos impedía publicar lo que sabíamos hasta ese momento de la "Operación Padrino". Feuer estaba al corriente de la identidad de mis tres fuentes de alto nivel.

Un reportaje sobre el caso sin fuentes identificadas se podía derrumbar con mucha facilidad y hasta acabar con nuestra profesión de periodistas. Teníamos las manos atadas para desarrollar un reportaje de gran calada.

Durante este mismo periodo sostuve otras tres conversaciones telefónicas con el fiscal Gertz Manero, dos más con Ebrard Casaubón, y el mismo número de encuentros personales con la embajadora Bárcena. Ninguno de los tres podía confirmar los datos que me había dado el fiscal federal de distrito. Era un callejón sin salida.

En la primera semana de septiembre de 2020 recibí un mensaje de texto del fiscal federal, que estaba en Washington y quería platicar conmigo. Tenía 15 minutos libres y me citaba de nuevo en la Plaza de la Libertad, con cubrebocas y sana distancia, y sin celular ni grabadora. Salí volando en automóvil de mi domicilio rumbo al lugar del encuentro, tras varios meses enclaustrado por la pandemia.

Washington era una ciudad fantasma. No tuve problema en conseguir estacionamiento sobre la calle E, al lado de la Plaza, algo casi imposible antes del virus. El fiscal de distrito se me había adelantado.

—¿Lograste conseguir información con tus fuentes mexicanas?

—Estoy en eso, he consultado con...

—No estoy interesado en el nombre de tus fuentes. Si no has obtenido nada, temo que sea demasiado tarde para publicar la información. No puedo decirte más y no me preguntes.

Antes de partir me deseó buena suerte y me recomendó mantenerme en aislamiento junto con mi familia por la crisis sanitaria.

El 15 de octubre de 2020, la noticia del arresto del general Cienfuegos Zepeda en el aeropuerto de Los Ángeles, California, sacudió las estructuras del poder militar en México. El Departamento de Justicia lo acusaba de estar coludido con el Cártel de Sinaloa para trasegar drogas ilegales a Estados Unidos. Aun bajo su derecho a la presunción de inocencia, la justicia de aquel país le advertía al exsecretario de la Defensa Nacional de México que, de ser procesado y declarado culpable en un juicio, los delitos que le imputaban podrían implicarle una sentencia de cadena perpetua como castigo máximo.

En la página de internet de *Proceso* tuvimos la primicia de dar a conocer, por lo menos, algunos de los detalles de la investigación de la DEA sobre Cienfuegos Zepeda y el apelativo de Operación Padrino que los agentes estadounidenses le asignaron.

El 16 de octubre, en el programa de radio de Carmen Aristegui, hablé con mayor amplitud de la Operación Padrino. Fue un momento de frustración: tristemente, era otra exclusiva más en la lista de casos que se habían diluido en mis manos.

1

2015: el inicio. 2019: los cargos

Corría el tercer trimestre de 2015 cuando un equipo de fiscales federales de distrito en Las Vegas, Nevada, desmenuzaba una investigación criminal sobre lavado de dinero procedente de la venta de drogas ilícitas en Estados Unidos que involucraba a la fracción del cártel de los hermanos Beltrán Leyva comandada por Juan Francisco Patrón Sánchez, *El H2*.

En colaboración con la DEA, el Buró Federal de Investigaciones (FBI, por sus siglas en inglés), el Buró de Inmigración y Aduanas (ICE, por sus siglas en inglés), del Departamento de Seguridad Interior (DHS, por sus siglas en inglés) y de la Oficina para el Control de Bienes Extranjeros (OFAC, por sus siglas en inglés) del Departamento del Tesoro, los fiscales federales estadounidenses trazaban las líneas de acción para capturar a más de 40 personas que operaban como lavadores de dinero del H2 y para confiscar decenas de millones de dólares en efectivo provenientes de la venta de enervantes.

"Un día el fiscal Michael P. Robotti revisaba y escuchaba las conversaciones con los lavadores de dinero a través de los cables y micrófonos colocados en el cuerpo de infiltrados e informantes de los departamentos de Justicia y del Tesoro y por medio de teléfonos celulares interceptados, cuando oyó que uno de los socios del H2 hablaba de un general muy poderoso que garantizaba el éxito de las operaciones del cártel en México", narra un importante exfuncionario de la Sección de Narcóticos y Drogas Peligrosas del Departamento de Justicia de Estados Unidos.

"Con esa grabación nació en 2015 la investigación que eventualmente se convirtió en la Operación Padrino", revela el funcionario, quien me aclara que al dejar su puesto en el Departamento de Justicia firmó un documento que le impide ser fuente periodística *on the record* para hablar de los casos de investigaciones criminales en los que estuvo involucrado o que estuvieron bajo su responsabilidad y supervisión. "Además, esto se trata de un caso delicado de corrupción por parte de mi gobierno, y temo que con lo que te contaré será muy fácil para el Departamento de Justicia identificarme; pero lo que hicieron en el caso Cienfuegos es abominable."

Bajo el toldo de una carpa blanca que nos cubría de la tupida llovizna, el exfuncionario inició el recuento de lo que llama "la investigación internacional más sólida y contundente sobre un militar mexicano relacionado directamente con el narcotráfico internacional" durante su carrera de más de una década en el Departamento de Justicia.

Con una taza de café cada uno, capuchino el suyo, negro el mío, debajo de la carpa colocada en la esquina de la calle 77 y la avenida Madison, en la cafetería del Hotel Mark, en Manhattan, Nueva York, ese lunes 27 de junio de 2022 a las 9:30 de la mañana comenzaron a empotrarse correctamente las piezas del caso del general Salvador Cienfuegos Zepeda y a exponerse las mentiras de William Barr, quien fuera procurador general de Justicia en la presidencia de Donald Trump, y de Christopher Landau, embajador en México de ese mismo gobierno.

La entrevista era crucial para el desarrollo de la investigación de este libro y para los anales de la historia política y del narcotráfico del México en lo que va de este siglo. La fuente, abogado de profesión especializado en criminología, fue el supervisor de la investigación por narcotráfico y lavado de dinero del caso Cienfuegos Zepeda.

—Pasaron muchas semanas, meses, se llegó a 2018. Por esa investigación arrestamos a unas 40 personas por lo menos; varios de esos operadores de lavado de dinero del H2 mencionaron el nombre del general Cienfuegos Zepeda, *El Padrino*; así lo llamaba el lugarteniente de Patrón Sánchez en los mensajes de texto que intercambiaban constantemente entre ellos, cuenta el exfuncionario.

El martes 13 de noviembre de 2018, en la Corte Federal del Distrito Este en Brooklyn, Nueva York, se inició el juicio por narcotráfico y lavado de dinero en contra de Joaquín Archivaldo Guzmán Loera, jefe de una de las facciones más poderosas del Cártel de Sinaloa.

Como ya mencioné, tras ese proceso judicial ante el juez Brian Cogan se determinó que el Departamento iría tras todos los políticos y militares mexicanos que pudieran estar corrompidos por el trasiego de drogas, muchos de los cuales habían sido mencionados públicamente en el juicio.

—Ésa fue la iniciativa que tomó Richard Donoghue —entonces subprocurador de Justicia interino bajo la presidencia de Trump y Fiscal Federal—. Nosotros aprovechamos esa ventana que nos abrió y le presentamos todo lo que ya teníamos sobre Cienfuegos Zepeda. Por Donoghue se forjó también la decisión de ir primero por Genaro García Luna, que como sabes y recordarás en el juicio del Chapo fue mencionado por varios de los testigos de los fiscales federales de distrito como receptor de millones de dólares que le pagó el Cártel de Sinaloa a cambio de información y protección.

En acuerdo con los fiscales y varias agencias federales, Donoghue ordenó que le prepararan un memorando criminal sobre el caso Cienfuegos Zepeda y que todo lo relacionado con la investigación se mantuviera en absoluto secreto. En poder de los fiscales federales de distrito había innumerables documentos con las transcripciones de cables —mensajes de texto y conversaciones telefónicas interceptadas y grabadas— en las que se hablaba ya del Padrino, perfectamente identificado como Cienfuegos Zepeda, y sobre su relación con la fracción del cártel dirigida por El H2.

—Se elaboró el memorando criminal, como lo solicitó Donoghue —explica el exfuncionario, antes de hacer una pausa para darle un sorbo a su capuchino y agregar—: normalmente un memorando criminal, por muy importante y delicado que sea el caso, consiste en 10 o 12 páginas en las que se resumen los cargos y las evidencias con las que se cuenta para proseguir con el caso del implicado. El memorando del general Cienfuegos Zepeda tenía más de 50 folios. Contábamos con todo para que fuera arrestado, enjuiciado, declarado culpable y sentenciado por narcotráfico y lavado de dinero; las pruebas del expediente eran muy sólidas.

Más adelante retomaremos la conversación y entrevista en Nueva York con el exfuncionario del Departamento de Justicia. En el contenido de esa charla encontrarán cómo, con todo el desparpajo del mundo y de manera deliberada, Barr y Landau mintieron al gobierno del presidente Andrés Manuel López Obrador.

El 14 de agosto de 2019, la Corte Federal del Distrito Este en Brooklyn recibió de parte de Donoghue el encausamiento judicial contra El Padrino, en el que un gran jurado le imputaba al extitular de la Sedena cuatro delitos con dos apartados relacionados con el narcotráfico. El expediente de ocho páginas correspondiente al caso número CR 19-366, "Estados Unidos de América contra Salvador Cienfuegos Zepeda, también conocido como 'El Padrino' y 'Zepeda'", establece lo siguiente:

Cargo uno

En, cerca o entre diciembre de 2015 y febrero de 2017, [...] el acusado, Salvador Cienfuegos Zepeda, alias *El Padrino* y *Zepeda*, junto con otros, con conocimiento de causa y de manera intencionada; conspiró para manufacturar y distribuir una o más sustancias controladas de las que con conocimiento y causa razonable creía que serían importadas ilegalmente a Estados Unidos desde un lugar fuera del país. Dicho delito involucra: *a*) una sustancia que contiene heroína, *b*) cocaína, *c*) metanfetamina y *d*) mariguana. El monto de heroína, cocaína, metanfetamina y mariguana involucradas en la conspiración es de un kilogramo o más y le es atribuible al acusado como resultado de su conducta y la de otros.

Cargo dos

En, cerca o entre diciembre de 2015 y febrero de 2017, el acusado, junto con otros con conocimiento de causa e intención, conspiró para importar desde un lugar fuera de Estados Unidos: *a*) un kilogramo o más de heroína, *b*) cinco kilogramos o más de cocaína, *c*) 500 gramos o más de metanfetamina y mil kilogramos o más de mariguana.

Cargo tres

En, cerca o entre diciembre de 2015 y febrero de 2017, el acusado, con conocimiento de causa e intención junto con otros; conspiró para distribuir y poseer: *a*) un kilogramo o más de heroína, *b*) cinco kilogramos o más de cocaína, *c*) 500 gramos o más de metanfetamina y *d*) mil kilogramos o más de mariguana.

Cargo cuatro

En, cerca o entre diciembre de 2015 y febrero de 2017, el acusado, con conocimiento de causa e intención y junto con otros, realizó una o más transacciones financieras con efectos directos al comercio interestatal y extranjero que implicó la transferencia y entrega de moneda de México y Estados Unidos. Esas operaciones involucraron los dividendos de actividades ilícitas específicas como tráfico de narcóticos y adquisición de propiedades con recursos provenientes de actividades ilegales con el intento de promover o llevar a cabo actividades determinadas prohibidas contra las leyes de Estados Unidos. Las transacciones fueron diseñadas en su totalidad o en parte para encubrir y camuflar la naturaleza, ubicación, proveniencia, propiedad y control de los recursos derivados de actividades ilícitas en violación de los códigos 1956 (a)(1)(B) y (ii) de las leyes de Estados Unidos sobre transporte, transmisión y transferencia de instrumentos monetarios y fondos desde uno más lugares en Estados Unidos o desde otras ubicaciones fuera de Estados Unidos para con uno o más beneficiados localizados en México quienes tenían la intención de promover y realizar actividades ilegales.

Apartado sobre la confiscación criminal en los cargos del uno al tres:

Por la presente Estados Unidos notifica al acusado que, si es declarado culpable de los delitos del uno al tercero, el gobierno [estadounidense] buscará confiscarle cualquier propiedad constituida o derivada de los recursos obtenidos directa o indirectamente de dichos delitos. Se le incautará cualquier propiedad utilizada o que se pretendió usar de alguna manera o en parte para cometer o facilitar la realización de dichas infracciones a las leyes o códigos legales de Estados Unidos.

Si cualquiera de las propiedades confiscables descritas arriba como acto u omisión del acusado: *a)* no puede ser localizada una vez llevadas a cabo las diligencias, *b)* ha sido transferida, vendida o depositada a una tercera persona, *c)* ha sido colocada fuera de la jurisdicción de la corte, *d)* ha sido sustancialmente disminuida en su valor o *e)* ha sido fusionada con otra propiedad que no pueda ser dividida sin dificultad, es la intención del gobierno de Estados Unidos, en conformidad con el artículo 21 de las leyes estadounidenses, sección 853(p), buscar el decomiso de alguna otra propiedad del acusado con el valor del inmueble sujeto a la incautación y descrita arriba en el cargo.

Apartado sobre la confiscación criminal para con el cargo cuatro:

Por la presente Estados Unidos informa que, de ser declarado culpable del cuarto delito, el gobierno buscará confiscarle cualquier propiedad que se le pueda adjudicar, pero si *a*) no puede ser localizada con el ejercicio de las diligencias, *b*) ha sido transferida, vendida, o depositada a una tercera persona, *c*) ha sido colocada fuera de la jurisdicción de la corte, *d*) su valor ha sido aminorado de manera sustancial o *e*) ha sido fusionada con otra propiedad que no pueda ser dividida con facilidad, es la intención del gobierno de Estados Unidos buscar la incautación de cualquier otra propiedad del acusado que tenga el valor de la propiedad sujeta a confiscación y descrita en la acusación.

Además de la rúbrica de Donoghue, el encausamiento incluye también la firma de los fiscales federales de distrito Michael P. Robotti, Craig R. Heeren y Ryan C. Harris.

En otro de los documentos entregados ese mismo 14 de agosto de 2019 al juez Cogan en la corte federal en Brooklyn, el fiscal Harris le notifica al magistrado que en relación con la investigación y acusación al general Cienfuegos Zepeda, el Departamento de Justicia buscaría la celebración de un juicio que duraría menos de seis semanas, que el expediente criminal se encontraba sellado, que se había emitido ya una orden de aprehensión y que los castigos a las cuatro imputaciones no incluían la pena capital.

2

El arresto y la primera reacción

Establecida la acusación formal por narcotráfico y lavado de dinero y emitida la orden de captura, los fiscales federales de distrito comenzaron a trazar diferentes escenarios y rutas para echarle el guante al Padrino.

Sólo un pequeño grupo de los 54 agentes de la DEA que Estados Unidos tiene asignados y operando en México estaban enterados de la acusación contra el general Cienfuegos Zepeda. El Departamento de Justicia temía que la filtración a las fuerzas armadas de nuestro país sobre la existencia del expediente criminal sellado anulara cualquier posibilidad de capturar al objetivo en la Unión Americana, y el equipo de fiscales no quería correr riesgos. Entre los muchos escenarios que plantearon para detener al Padrino, descartaron el hacerlo de manera secreta en México.

Barajaron la idea de la vieja táctica de la DEA, el FBI y la CIA: secuestrarlo y extirparlo clandestinamente del territorio mexicano. Pero recordaron los problemas binacionales que se desataron cuando la DEA hizo justamente eso con el médico Humberto Álvarez Machain, por el caso de Enrique *Kiki* Camarena, y desecharon de inmediato la posibilidad. Se trataba de un pez más gordo, un general y además exsecretario de la Sedena. Secuestrarlo era posible pero demasiado costoso en una nación que se encaminaba a la militarización.

Los fiscales de distrito y Richard Donoghue tenían certeza de que, dadas sus promesas de campaña electoral, y por su largo y conocido historial desde las trincheras de la oposición política de la izquierda mexicana como defensor de políticas de cero impunidad y combate frontal a la corrupción, el presidente López Obrador, al enterarse de la acusación y ver las pruebas, no se opondría a que a Cienfuegos Zepeda se le juzgara por narcotráfico y lavado de dinero en Estados Unidos. Esto, en caso de que al gobierno de México se le hiciera el pedido de captura con fines de extradición como último recurso si El Padrino no era capturado en el extranjero.

La idea fue discutida y reservada por si llegasen a fallar los otros planes que la DEA en México ya había urdido.

Desde 2017, de acuerdo con la información proporcionada por agentes federales estadounidenses y después de que se empezaran a recopilar evidencias de la presunta relación entre El H2 y El Padrino, agentes de la DEA le seguían ya los pasos al general. Desde que era el mandamás en la Sedena, la DEA, con respaldo técnico de la Agencia Central de Inteligencia (CIA), tenía interceptados algunos de sus medios de comunicación. A partir del 1 de diciembre de 2018, cuando Cienfuegos Zepeda fue relevado en la Sedena por el general Luis Cresencio Sandoval González, al asumir López Obrador la presidencia de México, la DEA amplió sus tentáculos y métodos de escucha. Los agentes interceptaron teléfonos fijos y celulares del círculo familiar más cercano a Cienfuegos Zepeda. Estaban al tanto de casi todos sus movimientos. El objetivo central era atraparlo fuera del territorio mexicano.

Al iniciar el general su vida de jubilación la Operación Padrino se tornó más incisiva. La acumulación de evidencias en su contra aumentó porque algunos elementos de las filas delincuenciales de la fracción dirigida por El H2, tras ser detenidos, algunos en Estados Unidos y otros extraditados de México, comenzaron a hablar sobre la relación con el narcotráfico en el sexenio de Peña Nieto.

El lunes 27 de marzo de 2017, en San Diego, California, agentes del FBI capturaron por acusaciones de narcotráfico a Edgar Veytia Cambero, el exfiscal general del estado de Nayarit.

En las indagatorias de la Operación Padrino, Veytia Cambero y el exgobernador de ese estado, Roberto Sandoval, eran dos personajes frecuentemente mencionados en los mensajes de texto interceptados que intercambiaban El H2 y sus subalternos. Contra Veytia Cambero había también una acusación en la Corte Federal del Distrito Este en Brooklyn.

Los fiscales de distrito que investigaban a Cienfuegos Zepeda decidieron presionar a Veytia Cambero con la posibilidad de que, al ser enjuiciado por su relación con el Cártel de Sinaloa, y en particular con Patrón Sánchez, recibiría una sentencia con la cual pasaría el resto de sus días tras los barrotes de una celda en una prisión federal. Veytia Cambero flaqueó de inmediato y aceptó el acuerdo de cooperación. Hablaría de todo lo que sabía de Cienfuegos Zepeda y de otros a cambio de una sentencia ligera de cárcel que le permitiría, y por ser también ciudadano estadounidense, pasar su vejez al lado de su familia y no en una cárcel.

El jueves 26 de septiembre de 2019, la jueza federal Carol Bagley Amon sentenció al exfiscal de Nayarit a 20 años de prisión más cinco de libertad condicional bajo vigilancia federal. Veytia Cambero pagaría al gobierno de Estados Unidos un millón de dólares en compensación por el daño causado a la sociedad de ese país por su participación en el narcotráfico. Al momento de su sentencia tenía 48 años, y si se portaba bien durante su estancia en una celda de una prisión federal, tenía la posibilidad de ser liberado cuando cumpliera 61.

El pájaro comenzó a cantar. El exfiscal nayarita, con sus versiones y sin exponer pruebas documentales, implicó ante el Departamento de Justicia a otros elementos de las fuerzas de seguridad mexicanas con el narcotráfico. El almirante Marco Antonio Ortega Siu, quien fuera jefe de la Unidad de Fuerzas Especiales de la Secretaría de Marina, fue uno de los primeros a quienes Veytia Cambero relacionó con El H2 y otros capos del Cártel de Sinaloa. Con palabras, y reitero, sin pruebas documentales, el exfiscal de Nayarit engrosó los miles de páginas del expediente criminal de Cienfuegos Zepeda, a quien denunció como un enlace crucial para el cártel con otros generales y jefes marciales en diferentes estados de México. También contó la presunta relación de Cienfuegos Zepeda con otro general, el suegro de Quirino Ordaz, y habló sobre decenas de millones de dólares que narcotraficantes pagaban en sobornos a otros políticos en Nayarit, Jalisco, Oaxaca, Ciudad de México, Morelos, Estado de México, Guerrero, entre otras entidades.

Parte de las denuncias de Veytia Cambero fueron dadas a conocer por la Corte Federal del Distrito Este en agosto de 2021 y son información pública. Otro dato aportado por el exfiscal de Nayarit fue el recuento del asesinato del H2 a manos de elementos de la Marina, incidente en el que aclaró que el narcotraficante no fue abatido durante un enfrentamiento, como lo afirmó el gobierno mexicano, sino ejecutado en febrero de 2017 tras ser detenido junto a otro de sus subalternos en el Cártel de Sinaloa por elementos de la Secretaría de Marina y Armada de México (Semar) y por órdenes de Ortega Siu.

El seguimiento puntal de los pasos de Cienfuegos Zepeda en México mantenía la expectativa de los fiscales de distrito del país del norte de poder arrestarlo. Entre enero y febrero de 2019 los agentes antinarcóticos se enteraron de que el general tenía planes de viajar a Estados Unidos. Sin embargo, los fiscales no tenían listo el encausamiento criminal en su contra, pues no había sido ratificado por el gran jurado, como requiere la ley. Así, en marzo de 2019, Cienfuegos Zepeda entró y salió sin ninguna dificultad de Estados Unidos, sin sospechar que en su contra se fraguaba una de las operaciones más delicadas y secretas que el Departamento de Justicia ha desarrollado sobre narcotráfico y lavado de dinero en relación con México desde 1973, cuando el entonces presidente Richard Nixon declaró la famosa y fracasada guerra contra las drogas.

Los agentes de la DEA y los fiscales estaban seguros de que habría otra oportunidad de arrestarlo dentro de Estados Unidos, puesto que al Padrino y a su familia les gustaba viajar con frecuencia a puntos turísticos de la Unión Americana. La pandemia de covid-19 estaba complicando las cosas, pero paciencia era lo que tenían de sobra los responsables del caso.

Fueron casi 19 meses de estoicismo. Las ganas de los nietos de Cienfuegos Zepeda de ir a Disneylandia, en California, y del abuelo en complacerlos, pudieron más que las restricciones sanitarias. Entre julio y agosto de 2020 los agentes de la DEA se enteraron de los planes de viaje de la familia del general mexicano a Los Ángeles. El Padrino llegó a Estados Unidos el jueves 15 de octubre. Esa noche, el general fue detenido y separado de su familia por parte de elementos del Cuerpo de Alguaciles (U. S. Marshals), y la noticia del hecho sacudió y tomó por sorpresa al gobierno de López Obrador y a todas las estructuras de la Sedena y la Semar.

Al general mexicano no se le pudo presentar ese día ante el juez Alexander F. MacKinnon, de la Corte Federal del Distrito Central de California, debido a las dificultades sanitarias. Se calendarizó entonces su audiencia de arresto para el martes 20, y la sesión se llevaría cabo por medio de una videoconferencia.

El viernes 16 de octubre de 2020, el presidente López Obrador declaró lo siguiente en su primera reacción pública al arresto:[1]

Es un hecho muy lamentable el que un exsecretario de la Defensa sea detenido, acusado por vínculos con el narcotráfico.

Desde luego, todo esto debe probarse, no podemos adelantar vísperas, no podemos hacer juicios sumarios, son procesos legales en donde las personas acusadas tienen derecho

---

[1] En este caso, y en todos los que siguen, se presenta la transcripción de esta conferencia en forma editada, para facilitar su lectura. La versión estenográfica completa puede hallarse en el sitio web de la presidencia, en esta dirección: bit.ly/3F3ncJ4.

a la defensa. De acuerdo con la información que nos llegó, hoy van a dar a conocer los motivos por los que se le detuvo al general Cienfuegos [...]. Estamos ante una situación inédita porque está detenido por la misma acusación del que fue secretario de Seguridad Pública de Felipe Calderón [Genaro García Luna].

Esto es una muestra inequívoca de la descomposición del régimen, de cómo se fue degradando la función pública [...] en el país durante el periodo neoliberal. Yo siempre dije que no era sólo una crisis, que era una decadencia lo que se padecía, un proceso de degradación progresivo, y estamos ahora constatando la profundidad de esta descomposición que se fue gestando de tiempo atrás. [...] Ojalá también esto sirva para comprender que el principal problema de México es la corrupción, [...] que la corrupción es la causa principal de la desigualdad económica, de la pobreza, de la inseguridad, de la violencia y durante mucho tiempo se omitió.

[...] Quiero decir que, como en el caso de García Luna, todos los que resulten involucrados en este otro asunto del general Cienfuegos, que estén actuando en el gobierno, en la Secretaría de la Defensa, van a ser suspendidos, retirados y, si es el caso, puestos a disposición de las autoridades competentes.

[...] No deja de ser lamentable que esto suceda, pero la Secretaría de la Defensa, la Secretaría de Marina, las fuerzas armadas de México constituyen una garantía para mantener la paz, la tranquilidad en el país y para la defensa de nuestra soberanía. Quiero también decir que le tengo toda la confianza al actual secretario de Marina y al general secretario Sandoval. Me tocó elegir a los dos. Hice un análisis detallado para tomar la decisión de nombrarlos, investigué sobre sus antecedentes, sobre su honorabilidad, y los dos se caracterizan por ser incorruptibles.

[…] Vamos a seguir fortaleciendo estas instituciones que son básicas, repito, para la buena marcha de la República. Nos vamos a seguir apoyando en estas dos instituciones y vamos a estar pendientes también de las acusaciones que se están haciendo y se van a dar a conocer el día de hoy en contra del general Cienfuegos, y vamos a estar informando constantemente al pueblo.

En la conferencia mañanera de ese viernes, se le preguntó inmediatamente al mandatario mexicano cómo se enteró del arresto de Cienfuegos Zepeda: "Bueno, me informó el secretario de Relaciones Exteriores porque le acababa de hablar el embajador de Estados Unidos en México [Christopher Landau] para darle a conocer lo de la detención del general Cienfuegos. La hora: 6:50 de la tarde. Estaba yo en mi despacho", dijo.

Otra pregunta a López Obrador fue para saber si en México había alguna investigación contra el general por su presunta relación con el Cártel de Sinaloa. "No, no existe ninguna investigación en México en contra del general Cienfuegos que tenga que ver con narcotráfico. Esto surge de una investigación que se lleva a cabo en Estados Unidos, tiene que ver con el mismo juzgado de Nueva York que lleva los asuntos de García Luna y anteriormente que tuvo que ver con los asuntos de Guzmán Loera." En ese momento, y ante otro cuestionamiento, el presidente reveló: "En el caso de México nosotros no teníamos conocimiento de investigaciones en el país, de ninguna institución, en contra del general Cienfuegos. A mí me informó hace 15 días [1 de octubre] la embajadora de México en Estados Unidos, Martha Bárcena, de que se hablaba de una investigación que se estaba llevando a cabo y que involucraba al señor general Cienfuegos, pero que no había nada oficial de esta investigación en Estados Unidos".

López Obrador cayó también en una contradicción cuando se le inquirió si para él era sorpresa el arresto en Los Ángeles. "No, es que hay expedientes abiertos en Estados Unidos sobre todo el caso de Guzmán Loera, el caso éste de García Luna. Y hablando del caso de García Luna, me dijo [Bárcena] que también se mencionaba que había una investigación que involucraba al secretario de la Defensa en el gobierno del presidente Peña Nieto", respondió. Luego, en otra parte de su conferencia de prensa agregó: "Estas cosas, como la del general Cienfuegos, nos dan la razón. Ahora sí que duele tener la razón".

El mismo 16 de octubre, el juez Alexander F. MacKinnon, de la Corte Federal del Distrito Central de California, le informó a Cienfuegos Zepeda los delitos que los fiscales de distrito le imputaban, de sus derechos y presunción de inocencia, que por solicitud del Departamento de Justicia quedaba en prisión temporal bajo la custodia del U. S. Marshals, y que la siguiente audiencia de su caso sería el día 20 del mismo mes, tomando en cuenta que era de la responsabilidad de la corte federal en Brooklyn, adonde eventualmente se le extraditaría.

Ese día, en un compendio de siete páginas, el fiscal interino de distrito, Seth DuCharme, y sus colegas Robotti, Harris y Heeren le enviaron a la jueza Amon una explicación detallada de los cargos que le imputaban al Padrino y de quiénes eran sus presuntos compinches en el Cártel de Sinaloa:

El gobierno somete esta carta para respaldar la moción de una orden permanente de detención para el acusado Salvador Cienfuegos Zepeda. El acusado ejerció de 2012 a 2018 la posición de secretario de la Defensa Nacional de México.

El acusado abusó de su posición de funcionario público para ayudar al Cártel del H2, una organización mexicana de tráfico de drogas extremadamente violenta que trasegó a Estados Unidos, incluyendo a la ciudad de Nueva York, miles de kilogramos de cocaína, heroína, metanfetamina y mariguana.

A cambio de sobornos como forma de pago, el acusado permitió al Cártel del H2 operar con impunidad en México [...].

En conexión con sus crímenes, el 14 de agosto de 2019, un gran jurado ubicado en el Distrito Este en Brooklyn, Nueva York, devolvió un encausamiento judicial imputándole al acusado crímenes de tráfico de drogas y lavado de dinero. Ese mismo día, el juez magistrado Vera M. Scanlon emitió una orden de búsqueda y arresto contra el acusado.

Agentes federales detuvieron al acusado el día de ayer en Los Ángeles, California. Él tiene hoy su audiencia de presentación ante un juez en la Corte Central de California y el gobierno espera que sea transportado al Distrito Este de Nueva York y sea declarado su estatus de detenido en las próximas semanas.

Por las razones establecidas, en su audiencia de presentación en el Distrito Este de Nueva York, la corte debe emitir una orden de detención permanente sin que combine con las condiciones para garantizar la presencia del acusado en un juicio.

I. PROCEDIMIENTOS Y ANTECEDENTES FÁCTICOS

Contexto
Entre 2012 y 2018, el acusado fue secretario de la Defensa Nacional de México, responsable del manejo del ejército,

Marina y la Fuerza Aérea y reportaba directamente al presidente mexicano.

Al tiempo que ejercía un puesto como funcionario público en México, el acusado utilizó esta posición a cambio de sobornos para apoyar al Cártel del H2 [...].

B. Antecedentes del Cártel del H2

El Cártel del H2 es una organización mexicana de tráfico de drogas violenta que fue previamente liderada por Juan Francisco Patrón Sánchez, apodado *El H2*, quien tenía su base de operaciones en Nayarit y Sinaloa.

Durante este periodo relevante de tiempo el cártel tuvo numerosas células en Estados Unidos, incluyendo Los Ángeles, Las Vegas, Ohio, Minnesota, Carolina del Norte y Nueva York, a través de las cuales distribuyó miles de kilogramos de heroína, cocaína, metanfetamina y mariguana, y obtuvo millones de dólares en ganancias ilícitas. En México traficó millares de armas letales y cometió incontables actos horribles de violencia, incluyendo tortura y asesinatos, para protegerse contra los retos de organizaciones rivales en el tráfico de drogas, luchar por territorio y silenciar a aquellos quienes cooperaran con las agencias de la aplicación de la ley. Transportó cargamentos de droga a la ciudad de Nueva York, en donde recolectó ganancias, incluyendo áreas en Brooklyn.

El Cártel del H2 ha utilizado la corrupción de funcionarios públicos, incluyendo los sobornos al acusado mientras era un alto funcionario en el gobierno mexicano, para alcanzar sus objetivos en el negocio del trasiego de drogas.

A cambio del cohecho a otros funcionarios del gobierno de México, El H2 aseguró el arresto y tortura llevado a cabo por oficiales mexicanos del Poder Judicial contra traficantes de droga rivales y la liberación de integrantes del Cártel del H2, así como la habilidad de involucrarse en la venta al mayoreo de estupefacientes, el tráfico de armas y hechos de violencia que incluyen el asesinato de docenas de personas sin la interferencia de funcionarios de las agencias judiciales mexicanas.

C. Conducta criminal del acusado

Evidencias obtenidas por oficiales de la ley [estadounidenses], que incluyen la interceptación de miles de comunicaciones de texto a través de teléfonos celulares Blackberry, han revelado que mientras era secretario de la Defensa Nacional en México, el acusado, a cambio de sobornos como pago, apoyó en numerosas maneras al Cártel del H2, incluida la garantía de que no se llevarían a cabo operaciones militares en su contra, que se iniciaran operaciones militares en contra de organizaciones rivales del trasiego de drogas, localizar transportación marítima para cargas de droga, actuar para ampliar los territorios controlados por el Cártel del H2 en Mazatlán y el resto de Sinaloa, presentar a líderes veteranos del Cártel del H2 a otros funcionarios del gobierno mexicano corruptos con deseos de apoyar a cambio de sobornos, y advertir al cártel sobre operaciones en curso o investigaciones en su contra, así como la cooperación de testigos e informantes que al final dieron como resultado el asesinato de un miembro de la cúpula de mando del Cártel del H2, que de manera incorrecta se creyó que apoyaba a autoridades judiciales de Estados Unidos. Entre otras muchas comunicaciones capturadas durante el curso de esta investigación están mensajes directos entre el acusado y un alto líder de mando del cártel, en algunas de las cuales el acusado habla de su respaldo a otra organización del tráfico de drogas, así como otras en las que el acusado es identificado por nombre, título y fotografía como funcionario del gobierno mexicano que cooperaba con el cártel.

En parte gracias a la colaboración corrupta del acusado, el cártel del H2 llevó a cabo sus actividades criminales en México sin interferencia significativa por parte del ejército mexicano e importó a Estados Unidos miles de kilogramos de cocaína, heroína, metanfetamina y mariguana.

Estas miles de comunicaciones interceptadas entre los miembros del Cártel H2 están corroboradas por numerosos decomisos en Estados Unidos de cientos de kilogramos de cocaína, heroína, metanfetamina y cientos de miles de dólares en ganancias.

En adición, testigos han proveído información valiosa al gobierno sobre las operaciones del Cártel del H2, el empleo regular que hace de la violencia para profundizar su trasiego de narcóticos y el cohecho para asegurar la protección gubernamental y la cooperación del acusado a ésta y otras organizaciones del tráfico de drogas.

Como se nota en lo descrito arriba, el 14 de agosto de 2019, un gran jurado en el Distrito Este de Nueva York, aprobó el encausamiento imputándole al acusado participar en [conspiraciones internacionales] para distribuir heroína, cocaína, metanfetamina y mariguana [...] y lavar capitales procedentes de los narcóticos [...]. Agentes federales arrestaron al acusado el día de ayer en Los Ángeles.

II. LA CORTE DEBE EMITIR UNA ORDEN DE DETENCIÓN PERMANENTE

A. Estándar legal

[...] Si la presunción de detención es aplicable, el acusado tiene el derecho de rebatir la presunción al presentar evidencia "de que no posea riesgo a la comunidad ni de fuga".

[...] El Acta de Reforma sobre Finanzas enumera cuatro factores por considerar en el análisis de una detención con riesgo de fuga o peligrosidad: *1)* la naturaleza y circunstancias de las ofensas imputadas; *2)* la historia y características del acusado; *3)* la seriedad del peligro que posee el acusado al ser liberado, y *4)* la evidencia de culpabilidad del acusado. En una audiencia de procedimiento de arresto el gobierno debe actuar apropiadamente.

B. Aplica la presunción de arresto

Este caso involucra ofensas por las que hay una presunción que no cumple las condiciones que razonablemente aseguran la seguridad de la comunidad. Específicamente, los cargos de tráfico de drogas en las imputaciones en las que se prescribe un periodo obligatorio mínimo de encarcelamiento de 10 años. De conformidad, el acusado tiene la responsabilidad de demostrar que él no implica riesgo de fuga, pero, por las razones descritas arriba, él no puede sostener esto.

C. El acusado representa un riesgo significativo de fuga

El acusado enfrenta una sentencia obligatoria y mínima de 10 años de prisión por los delitos del uno al tercero definidos en el encausamiento. Asumiendo que él entrara en la Categoría de Historia Criminal I, las guías preliminares del gobierno calculan que los delitos criminales que se le imputan implican una cadena perpetua. Como se describe anteriormente, es fuerte la evidencia con la que se respaldan los cargos, incluyendo a las miles de comunicaciones interceptadas entre los miembros del Cártel del H2, el acusado y otros funcionarios corruptos, testimonios de múltiples testigos que cooperan con respecto a las operaciones del Cártel H2 y numerosos decomisos de drogas.

Tomando en cuenta el tiempo significativo de cárcel que enfrenta el acusado en caso de ser declarado culpable, tiene un fuerte incentivo de huir de la jurisdicción.

El acusado es un ciudadano y residente de México quien fue detenido a su llegada al aeropuerto internacional de Los Ángeles, y viaja de manera infrecuente a Estados Unidos.

Antes del día de hoy, el acusado no había viajado a Estados Unidos desde el 19 de marzo de 2019. No tiene aparentemente ninguna conexión con el país. Además, sí tiene una fuerte y continua conexión con México, donde vive, [por lo que] constituye una amenaza significativa de fuga.

El acusado buscaría sacar ventaja de sus conexiones con los altos mandos del Cártel del H2 en México, como también con altos funcionarios corruptos del gobierno, para que lo ayudaran a escapar de las agencias judiciales de Estados Unidos y le encontraran refugio en México. Aun cuando Estados Unidos y México tienen un tratado de extradición, sería extremadamente difícil detener al acusado en México si el cártel y poderosos funcionarios lo protegen. Aun en el caso de ser capturado, los procedimientos de extradición en México podrían tomar años en concluirse.

Hay también un riesgo significativo de que el acusado, al huir a México, no enfrente a la justicia ante una corte de Estados Unidos. Aunque no tiene antecedentes penales, su historia personal y características exigen su detención y demuestran que representa un riesgo de fuga.

[…] No hay razón para creer que el acusado obedecería las órdenes de la corte o sus condiciones de liberación si se le concede el derecho de obtenerla por medio del pago de una fianza.

Notablemente, su señoría Brian M. Cogan recientemente negó el pago de una fianza en circunstancias similares. En el caso "Estados Unidos versus García Luna", el juez Cogan negó la fianza a Genaro García Luna, exsecretario de Seguridad Pública que ha sido acusado de delitos relacionados con el tráfico de drogas en su corrupta asistencia al Cártel de Sinaloa durante su gestión como funcionario público. El juez Cogan destacó que el acusado enfrenta "un tiempo significativo de encarcelamiento si lo declaran culpable" y porque carece de conexiones con la comunidad [de Nueva York]. [...] Factores similares enumerados por el juez Cogan en el caso García Luna están presentes aquí en las peticiones de arresto del acusado. Finalmente, cualquier propuesta del recurso de arresto domiciliario o monitoreo electrónico, en caso de ser detenido, es insuficiente a la luz del riesgo de fuga del acusado descrito anteriormente.

Se requiere un centro de detención completamente adecuado para asegurarse de que este acusado no escape de la justicia.

III. Conclusión

Por las razones presentadas, de manera respetuosa el gobierno solicita a la corte se dicte una orden de arresto permanente.

El 20 de octubre de 2020, en una audiencia llevada a cabo por videoconferencia, el juez MacKinnon, ante el fiscal Benjamin Balding, Cienfuegos Zepeda y su representante legal y defensor, Duane Lyons, dictó la orden de arresto y ordenó al Padrino responder a las acusaciones ante la Corte Federal del Distrito Este en Brooklyn. La orden de extradición de California a Nueva York sería firmada y autorizada por el magistrado hasta el 23 de octubre.

A los ocho días de haber sido detenido en Los Ángeles, Cienfuegos Zepeda fue extraditado a Nueva York, donde estaría sujeto a detención permanente en el Centro Metropolitano de la Gran Manzana, prisión de la que ya era huésped García Luna, quien fue imputado por las autoridades estadounidenses por el delito de narcotráfico.

3

Sin duda, un gobierno mafioso

En la conferencia de prensa matutina en Palacio Nacional del lunes 19 de octubre de 2020, el presidente Andrés Manuel López Obrador retomó el tema de la captura de Cienfuegos Zepeda en Los Ángeles. Aunque aclaró que había que esperar a conocer más detalles de las acusaciones, evidencias y procedimiento del Departamento de Justicia estadounidense, en sus primeras reacciones al escándalo el mandatario fue enfático en resaltar que antes de su llegada al Poder Ejecutivo los gobiernos mexicanos estaban notoriamente infiltrados por los cárteles del narcotráfico, y que la captura de Cienfuegos Zepeda reforzaba dicha percepción. Incluso, con un toque de sorna, el presidente mexicano comparaba el procedimiento judicial del Padrino con el de Genaro García Luna.

Esto dijo el mandatario en la mañanera:[1]

---

[1] La transcripción completa está aquí: bit.ly/3SohN2f

No existe ninguna investigación aquí, ya lo di a conocer; vamos a esperar el resultado de la investigación en Estados Unidos. […] Mañana se va a resolver si enfrenta su proceso en libertad, como seguramente lo están solicitando sus abogados, o lo tiene que enfrentar en la cárcel como lo […] solicita el Departamento de Justicia estadounidense, argumentando que no puede tener el derecho de libertad bajo fianza porque podría escapar y porque tiene vínculos en México con gente poderosa.

Es el mismo argumento o alegato que se utilizó para el caso de García Luna cuando le negaron la libertad bajo fianza. Es un procedimiento casi de rutina que se sigue en estos casos; el martes, mañana, vamos a saber, y si no tiene la libertad bajo fianza se inicia el proceso con las audiencias y la presentación de las pruebas para saber quiénes […] participaron, además del secretario Cienfuegos, en esta presunta protección al cártel del grupo que antes era de los Beltrán Leyva. […]

También es importante volver a decir que, aun en el supuesto de que resultara responsable el general Cienfuegos, no debe culparse a todas las fuerzas armadas. Tenemos que cuidar a una institución tan importante como la Secretaría de la Defensa Nacional.

[…] Esto no significa, de ninguna manera, encubrir a nadie: cero impunidad. Si el general Cienfuegos resulta responsable, que se le castigue. Si hay otros oficiales involucrados y se prueba, que se les castigue.

En el caso de García Luna, lo mismo; si todavía quedan servidores públicos de ese tiempo o gentes vinculadas con García Luna en el gobierno, cuando tengamos información, no sólo se les pide la renuncia, si no que se les pone a disposición de la autoridad competente... Digo esto porque el sábado 17 de octubre, de muy mala fe y con muy poco profesionalismo, en el *Reforma*, que es un periódico contrario a nosotros, se señaló en primera plana que los que actuaban con el general Cienfuegos siguen actuando en la Secretaría de la Defensa.

A este periódico se le olvida, [u omite] por mala fe, cómo funciona esta institución. En la Secretaría de la Defensa hay 26 generales de división que van ascendiendo por grado [...] y todos tienen a su cargo regiones militares, zonas militares. Por eso, si termina un gobierno y todavía están en activo, es decir, no pasan de los 65 años, tienen una función. [...] Dicho sea de paso, muchos de los que estuvieron en este tiempo que se hizo la investigación del general Cienfuegos ya están retirados. Porque esta investigación comprende, según el documento que presentó el Departamento de Justicia, de diciembre de 2015 a febrero 2017.

En la sesión de preguntas le cuestionaron si era posible que eventualmente se abriera una carpeta de investigación contra Cienfuegos Zepeda.

Que les quede claro, y yo creo que la gente lo sabe: nosotros no vamos a dar protección, no va a haber impunidad para nadie. Nosotros llegamos precisamente para limpiar, para moralizar la vida pública, y esto que está sucediendo, que es muy vergonzoso, lo advertimos en su momento, que si no era un narcoestado era un narcogobierno, y sin duda era un gobierno mafioso.

[…]

¿Por qué también esta descomposición? Porque las cabezas, los comandantes supremos, no actuaron con rectitud y con autoridad moral. […] Estaba totalmente infiltrado el gobierno de agencias extranjeras que eran las que convivían y, en algunos casos, hasta decidían en materia de seguridad y combate al narcotráfico.

[…] Todo este operativo en contra del general Cienfuegos, como el operativo en contra de García Luna, fue manejado por la DEA.

Sobre todo en México, una cosa es que los detengan en Estados Unidos, pero la investigación, lo básico, se llevó a cabo desde el país.

Otra pregunta de la prensa fue para saber si en la Sedena había algún mando ligado al general Cienfuegos.

Si hay alguien señalado y se le demuestra que participó en un acto de vinculación con el narcotráfico, pues no puede ser funcionario; y si se trata del ejército y está en activo, tiene que ser retirado y puesto a disposición de la autoridad; y si está en retiro, puesto a disposición de la autoridad competente. Pero eso hasta que se tengan los elementos. Porque se habla de pruebas, tanto en el caso de García Luna como en el del general Cienfuegos, de muchísimas llamadas, videos, entonces vamos a esperar, vamos a ver qué es lo que hay sobre esto, y sí, vamos a solicitar nosotros al gobierno de Estados Unidos que nos permitan conocer sobre estas operaciones de complicidad, en el caso de que se tengan las pruebas.

También le preguntaron si la Fiscalía General de la República investigaría al exsecretario de la Sedena:

Hay muchas investigaciones abiertas. Aquí [...] no existe ninguna investigación en contra del general Cienfuegos. Lo que hay es la demanda de que declararan militares por el caso de Ayotzinapa. Cuando llegamos nosotros se reinició la investigación y no sólo se está pidiendo la declaración de militares sino [que] ya hay órdenes de aprehensión en contra de militares por el caso de Ayotzinapa; como ya hay muchos detenidos que tuvieron que ver con el caso de Ayotzinapa. Pero en este caso particular de vinculación del general Cienfuegos con este grupo, no teníamos nada. [...] Me tocó estar en Nayarit cuando la Marina lleva a cabo una masacre en Tepic. Ese día estaba yo ahí en la noche, esto en [...] enero o febrero del 17, que fue cuando subieron un video que eran como fuegos artificiales en la noche. Ametrallaron desde un helicóptero de la Marina a un grupo. Entonces a mí me dan la información en la noche de que habían incluso asesinado a jóvenes [...]. Pues resulta que ahí asesinaron al jefe de esta banda, al que acusan de tener las relaciones con el general.

La captura del Padrino en Los Ángeles ocurrió 18 días antes de la elección presidencial de Estados Unidos del 3 de noviembre de 2020. Una reportera quiso saber si López Obrador pensaba que este caso sería aprovechado electoralmente por el entonces presidente Donald Trump para intentar reelegirse:

Yo creo que no. Porque ya está por finalizar la campaña y porque el tema de México se salió de la agenda, afortunadamente. [...] Hay un cambio sustancial en las campañas, no hay el cuestionamiento a México como hubo en la campaña pasada. [...] Tengo que cuidar la institución, todos los mexicanos debemos cuidarla, ésa es mi opinión respetuosa a las fuerzas armadas. No apostar a que se socaven, se debiliten, el ejército nuestro es un ejército surgido de un movimiento popular. [...] No podemos apostar a debilitar una institución como el ejército; se debe reformar y es eso lo que se está haciendo.

El martes 20 de octubre, la mañanera de López Obrador se dedicó casi en su totalidad al covid-19 y a reconocer la labor de las personas del sector salud para ayudar a la población mexicana a solventar la pandemia. No obstante, hubo una pregunta del caso Cienfuegos Zepeda, sobre la razón por la cual el gobierno de Estados Unidos no compartió con el suyo la información correspondiente:[2]

Ellos tienen sus políticas porque es un país, es un gobierno soberano, lo mismo que nosotros. México es un país independiente y soberano, entonces ellos no tienen por qué preguntarnos lo que van a hacer cuando se trata de detener a una persona en su territorio. [...] Nosotros no podemos decirles por qué hicieron esto, es una decisión que ellos tomaron y ya lo dije ayer, vamos a esperar resultados de la investigación, cuidando de que no se afecte, no se dañe a una institución tan importante como lo es la Secretaría de la Defensa Nacional. [...] En el caso, repito, de que se presentaran pruebas y se demuestre que el secretario de la Defensa del presidente Peña Nieto sí es culpable de los delitos que se le atribuyen, se tiene que castigar a él, no debe de haber impunidad. También a quienes resulten involucrados.

Se le cuestionó al presidente por los detalles de la asistencia que le proporcionaba al general Cienfuegos Zepeda desde el momento en que fue detenido por parte del Consulado de México en Los Ángeles: "No le estoy dando

---

[2] La transcripción completa está aquí: bit.ly/3TNOuXZ

la palabra a Marcelo [Ebrard, sentado en ese momento al lado del presidente], que podría explicarlo con más precisión, porque este caso nos interesa tanto que yo quiero ser el vocero; para que no hablemos todos y se evite una manipulación de la información".

4

Un general degradado en Los Ángeles

La noche del 15 de octubre de 2020 iba a ser larga y tediosa.

La experiencia diplomática y el olfato político de Marcela Celorio Mancera no estaban a prueba. Tras recibir la notificación por parte del Buró de Protección Fronteriza (CBP), la cónsul de México en Los Ángeles, California, llamó inmediatamente a la Secretaría de Relaciones Exteriores (SRE) para informar a sus superiores que, a su arribo al aeropuerto internacional de Los Ángeles en compañía de su familia, el general Salvador Cienfuegos Zepeda había sido detenido.

Los años que pasó Celorio Mancera en Washington como diplomática de la embajada de México en la capital estadounidense, revisando asuntos políticos y la relación con el Capitolio, le indicaron de inmediato que el asunto del general prendería todas las señales de alerta en la SRE. Eso la obligaba a manejar quirúrgicamente el caso desde el ámbito de la diplomacia y el derecho internacional.

"Desde nuestras facultades y obligaciones en los consulados y en el exterior, tenemos que asistir y proteger a los mexicanos que se encuentran en una situación compleja, sobre todo, básicamente, en la defensa de sus derechos humanos; luego ya vienen casos más complejos", dice la cónsul, al rememorar los acontecimientos de esa noche larga en Los Ángeles. La orden inmediata que le dictó la cancillería mexicana fue solicitar el acceso al general, pese a las circunstancias especiales del caso y a las restricciones sanitarias por la pandemia. "Como lo hacemos con cualquier otro mexicano que estuviera en una situación parecida", aclara.

Bajo la custodia de los U. S. Marshals, la comunicación y acceso con Cienfuegos Zepeda sería un hueso difícil de roer, tomando en cuenta que al ser detenido, había sido trasladado de inmediato del aeropuerto al Centro Metropolitano de Detención de Los Ángeles.

El oficio de la cónsul empezaba a rendir frutos: a las pocas horas de la detención y traslado del general, las autoridades federales le respondieron que pronto le darían noticias. Mientras tanto, Celorio Mancera se puso en contacto con los familiares de Cienfuegos Zepeda y se entrevistó con ellos en el ocaso del jueves 15 y las primeras horas del viernes 16.

Ese viernes, desde temprano, la cónsul mexicana se dedicó al caso más urgente y delicado que había entre sus manos. Por teléfono seguía comunicándose con funcionarios estadounidenses y mexicanos para tener acceso al general. "Platiqué con el fiscal federal encargado del caso, Ben Balding, para conocer la primera fecha de la audiencia. Mientras estábamos esperando que nos dieran acceso consular. También hablé con un agente de la DEA para facilitar una teleconferencia con el general, ver cómo estaba él en cuanto a su salud mental y física. Me aseguré de que todo estaba bien, hablé con él", cuenta la cónsul.

Un día complicado. Pero Celorio Mancera logró lo que buscaba: ese viernes tuvo una entrevista presencial con el general Cienfuegos Zepeda, a quien garantizó de manera inmediata el acceso consular; luego vinieron las audiencias judiciales por el caso.

En todo momento el gobierno de México dio asistencia consular al extitular de la Sedena dentro del mismo Centro de Detención Metropolitana de Los Ángeles, expone la cónsul mexicana:

Se le dio información sobre los abogados, que se le proporcionan a cualquier mexicano, para ver si él quería que alguno de ellos lo defendiera. Él tenía ya algunos vistos, estaban en pláticas. El tema es que nosotros siempre y en todo momento durante su estancia, que fue cerca de 17 días, garantizamos que yo pudiera hablar por teléfono con él, que lo pudiéramos visitar y que estuviera en contacto con su familia y con sus abogados. Al principio había un despacho que se acercó a ofrecer sus servicios; el general en todo momento mantuvo su inocencia y decía: "No hay manera de que yo pueda pagar una defensa con los montos que están pidiendo". Por eso, cuando finalmente es trasladado a Nueva York, allá se le ofrecen otros abogados y uno de los que trabajan para el gobierno mexicano es el que toma su caso: Edward Sapone.

Las obligaciones diplomáticas del gobierno de Estados Unidos para con México incluyen la notificación inmediata a los consulados mexicanos sobre la detención de sus ciudadanos. Esta regla es frecuentemente violada por los estadounidenses: ese gobierno mantiene a menudo al servicio consular de México al margen cuando se trata de ciudadanos comunes y corrientes detenidos y procesados por delitos graves, como ocurre cuando capturan, procesan y sentencian a mexicanos por homicidio, pedofilia y violaciones sexuales. Hay decenas de casos de ciudadanos mexicanos sentenciados a la pena de muerte en varios estados de la Unión Americana sin que a los respectivos consulados de México se les informe sobre ellos antes de su condena. Muchos de esos ciudadanos mexicanos, sin importar su estatus de residencia en Estados Unidos, no reciben la asistencia legal ni diplomática que les corresponde, lo que deriva que algunos de ellos sean castigados siendo incluso inocentes.

Obviamente, en el caso del general Cienfuegos Zepeda esto no ocurrió. Celorio Mancera subraya que la notificación que recibió de parte de la CBP fue simultánea a la develación del encausamiento judicial del general por parte de la corte federal en Brooklyn. El grupo familiar que lo acompañaba cuando fue detenido era de unas 10 personas.

—¿Qué fue lo que le dijo al general cuando se reunió por primera vez con él?

—Siempre le reiteré que estábamos ahí en representación del Estado mexicano para asistirlo y protegerlo, y que era su decisión si quería o no dicha protección. Quiero ser muy clara: esto siempre lo hacemos con cualquier mexicano. Él me comentó que agradecía muchísimo esa asistencia y protección, y que por supuesto la aceptaba, que no tenía idea de lo que estaba enfrentando ni de lo que estaba pasando.

—Se habló en el momento de que fue detenido con violencia. ¿Esto se lo comentó cuando lo vio en persona?

—Lo primero que hicimos fue asegurarnos de que no hubiera ninguna violación de sus derechos humanos; y no, no hubo ninguna detención con violencia. Lo único es que fue sorpresivo, que llegaban a este país [Estados Unidos] como turistas y de repente es separado del grupo familiar y se realiza la detención.

—El canciller Marcelo Ebrard habló de que al general Cienfuegos Zepeda lo detuvieron con violencia y que lo trataron mal.

—Bueno, lo que tú le preguntaste [a Ebrard] es si había habido algún maltrato. Lo trataron mal en el sentido de que llega al aeropuerto de Los Ángeles y de repente lo separan de su familia. Se le lleva al Centro Metropolitano de Detención, le leen los cargos; en fin. Creo que fue sorpresivo para todos nosotros. Fue secretario de la Defensa Nacional y de repente le aplican la ley como a cualquier otra persona. Lo que te puedo decir es que fue sorpresivo y abrupto. Ellos no distinguen, esto se puede llevar a que hubo maltrato, pero quiero ser muy clara: no hubo violación a sus derechos humanos, que es distinto. […] Él siempre estuvo atendido. Por ejemplo, necesitaba alguna medicina y se le proporcionó; le llevamos libros, ropa para cambiarse. Física y mentalmente estaba bien.

—Lo esposaron como a cualquiera.

—Sí, como a cualquiera.

—Cuando lo vio, ¿cómo lo notó? ¿Estaba espantado, intimidado, tranquilo?

—La verdad es que éstas, obviamente, siempre van a ser impresiones subjetivas, pero el general siempre se mantuvo de una sola pieza. Estaba muy sorprendido por la detención, pero siempre sostuvo su inocencia y estuvo dispuesto a enfrentar el proceso que tuviera que enfrentar para demostrarla. Eso sí es importante, porque siempre tuvo mucho temple y estuvo muy entero.

—¿Qué le dijo?

—Que estaba muy sorprendido […]. Que de dónde venía todo esto, quería aclararlo. Yo estuve en algunas de las audiencias y siempre le pedía a la traductora y me pedía a mí que les dijéramos que lo esculcaran porque él no tenía nada. Siempre sostuvo su inocencia y siempre se mantuvo muy comprometido a decir: "Voy a enfrentar lo que tenga que enfrentar para poder comprobarlo".

—En el transcurso de esos días usted estaba en comunicación con la SRE, pero también con autoridades de Estados Unidos. ¿Qué le decían estas últimas sobre la situación?

—[…] Tengo que reconocer que me permitieron tener acceso al general y a todo lo que nos correspondía. Hubo una facilitación respecto al proceso de detención, que a nosotros al menos, en el consulado de México en Los Ángeles, sí tuvimos. Esto nos permitió hablar diario con el general, que se comunicara con su familia por vía telefónica y escrita. El tema es que las autoridades no iban a discutir el fondo del asunto, pero sí nos facilitaron nuestras labores de protección.

—¿Qué le dijo el agente de la DEA con el que habló?

—Nada, solamente se limitó a decir que estaba cumpliendo con sus obligaciones.

—¿Este agente era alguno de los que estaban involucrados en el caso?

—No, de los que están en el terreno.

—¿Y qué le dijo el fiscal?

—El fiscal solamente me comentó la fecha y hora en la que se iba a celebrar la primera audiencia del caso, pero nada más.

La experimentada cónsul insiste en que Cienfuegos Zepeda siempre permitió con mucha confianza que consularmente se le protegiera y asistiera.

—Muchos no quieren, se niegan, pero aquí el general desde el principio sostuvo su inocencia y dijo que iba a enfrentar el proceso y que sí quería que el Estado mexicano lo asistiera. Que hubo una interlocución [total] con autoridades mexicanas.

—¿Habló usted con el presidente López Obrador?

—No, con mi jefe directo, el canciller.

—¿Le habló algún militar para preguntarle del caso?

—Nadie, absolutamente nadie.

5

Extraditado, exonerado y repatriado

El 16 de julio de 2020 el fiscal federal Seth D. DuCharme y su subalterno, el también fiscal Ryan C. Harris, enviaron a la jueza Carol Bagley Amon, de la Corte Federal del Distrito Este en Brooklyn, una carta que le pidieron fuera sellada y resguardada o reservada. Ahí explicaban que en 2019 un gran jurado en el distrito de la corte donde funge como magistrada había avalado un expediente judicial contra Cienfuegos por los delitos de narcotráfico y lavado de dinero. Que el acusado se encontraba en esos momentos en México y la última vez que había entrado a Estados Unidos había sido ese mismo año, antes de que fuera encausado por el gran jurado, y que por lo tanto era un fugitivo de la ley estadounidense. Asimismo, aclararon que la DEA estaba a cargo de la investigación del extitular de la Sedena.

Tres meses después, el 16 de octubre, DuCharme y Harris solicitan al juez Robert M. Levy de la corte en Brooklyn, en una nueva carta, quitar los sellos al expediente judicial número 19-366, "Gobierno de Estados

Unidos vs. Salvador Cienfuegos Zepeda", porque el acusado ya se encontraba bajo custodia. La corte develó entonces el expediente con las acusaciones que la DEA le imputaba al Padrino. El encausamiento lo exponía llanamente como un presunto aliado y socio del narcotraficante Juan Francisco Patrón Sánchez, apodado *El H2* y jefe del cártel H2, fracción del Cártel de Sinaloa.

Mientras el general Cienfuegos Zepeda recibía la asistencia consular por parte del gobierno de México dentro del Centro Metropolitano de Detención de Los Ángeles, el Departamento de Justicia movía estratégicamente sus piezas sobre el tablero judicial pensando que tenía entre manos un caso que expondría lo arraigado y profundo que es el nivel de corrupción por narcotráfico en México, pero sobre todo entre los altos grados marciales.

Los fiscales notifican a la corte en Nueva York la responsabilidad del fiscal federal de distrito Michael P. Robotti al frente de la parte acusadora, junto con Gillian Kasner; por su parte, en noviembre se informa a la misma corte que Edward Sapone, Michael Vitaliano, Richard Ware Levitt, Nicholas Kaizer y Raymond R. Granger serían los abogados defensores.

Un par de días antes, el general Cienfuegos Zepeda, en cumplimiento de la orden firmada el 23 de octubre de ese año por el juez Alexander MacKinnon, fue extraditado del Centro de Metropolitano de Detención de Los Ángeles a su equivalente en Nueva York.

El destino le jugó una mala pasada al general. En esa cárcel neoyorquina a la que fue destinado se encontraba preso desde diciembre de 2019 Genaro García Luna, secretario de Seguridad Pública en el sexenio de Felipe Calderón, acusado, como él, de conspirar con una fracción del Cártel de Sinaloa para exportar cocaína a Estados Unidos.

El 20 de octubre, cinco días después de su arresto, su primer abogado, Duane Lyons, ofreció 750 mil dólares como fianza, oferta que rechazó de manera tajante el juez MacKinnon. Ante el magistrado Steven M. Gold, el 5 de noviembre de 2020, Cienfuegos Zepeda se presentó por primera vez en la Corte Federal del Distrito Este por medio de una videoconferencia para cumplir con las medidas sanitarias por la pandemia de covid-19. En esa audiencia le leyeron los cargos, él se declaró inocente y formalizaron su detención. Firmada por Sapone, a nombre de Cienfuegos Zepeda, por el fiscal Harris y el juez Gold, la corte en Brooklyn emitió una "orden de atraso excluible" que establecía que el periodo de 13 días que pasarían hasta el 18 de noviembre, cuando se realizaría la siguiente audiencia, obedecía a que "las partes se encuentran negociando una declaración que consideran resultaría en una solución de este caso sin necesidad de llevar a cabo un juicio".

El caso exponía los procesos de negociación tradicionales del sistema judicial de Estados Unidos entre fiscales y acusados. Sin embargo, públicamente se desconocía que detrás de todo ello los gobiernos de López Obrador y Donald Trump negociaban un compromiso político que anteponía los intereses militares de un país por encima de una guerra fracasada contra las drogas de otro.

"[Las partes] necesitan tiempo adicional para la preparación de un juicio debido a la complejidad del caso", resalta el documento fechado el 5 de noviembre de 2020 que, ahora se sabe, era una cortina de humo con respecto a lo que realmente se negociaba lejos de Brooklyn.

Horas después de la audiencia, el juez Gold firmó una orden para que el Departamento de Justicia proporcionara al acusado toda la información, incluida la que le pudiera ser favorable y desfavorable y recopilada a lo largo de la investigación, según lo que marcan las leyes en Estados Unidos.

Al equipo de fiscales encabezado por Robotti, el 16 de noviembre de 2020 se sumó Allen L. Bode, jefe de la Sección de Narcóticos y Lavado de Dinero del Departamento de Justicia a cargo del procurador general William Barr, amigo y colaborador cercano del presidente Trump.

A dos días de la segunda audiencia, Bode y DuCharme mandaron un documento a la jueza Amon, que exige sea sellado hasta que se lleve a cabo la sesión:

El Gobierno somete esta moción solicitando a la corte desechar el encausamiento sin ningún perjuicio y en cumplimiento de la regla 48 (a) de los Procedimientos de Crímenes

Federales. Porque, como se define en la carta, el Gobierno de Estados Unidos ha determinado que una sensible e importante consideración de política exterior pesa más que los intereses gubernamentales de seguir adelante con las acusaciones en contra del acusado. Bajo la totalidad de las circunstancias se requiere de la eliminación de este caso.

Bode expone a la jueza, que, tras el arresto del general en Los Ángeles, funcionarios del gobierno de México que no conocían el contenido del encausamiento contra el acusado se involucraron en conversaciones con sus contrapartes estadounidenses.

Durante el curso de estas conversaciones, Estados Unidos fue informado de que la Fiscalía General de la República de México (FGR) inició su propia investigación sobre la conducta del acusado.

Como resultado de esas conversaciones, el gobierno de Estados Unidos concluyó en acuerdo con el de México que buscaríamos desechar la acusación contra el acusado sin perjuicio, para que en México pueda proceder, primero, una investigación y proceso judicial al acusado bajo las leyes mexicanas por su presunta conducta, que ocurrió en México.

[...] Como previamente el gobierno explicó a la corte, la evidencia en este caso es sólida. No obstante, como asunto de política exterior, y en reconocimiento a la fuerte alianza judicial entre Estados Unidos y México, y por los intereses demostrados por nuestro frente unido en contra de todas las formas de criminalidad, incluido el tráfico de narcóticos por parte de cárteles mexicanos, el gobierno pide desechar los cargos pendientes en contra del acusado, sin perjuicio y para que se permita proceder con la realización de la investigación mexicana y potencial acusación al imputado en primera instancia.

[…] Por último, respetuosamente, el Gobierno solicita que esta carta se mantenga sellada hasta la celebración de la audiencia programada para el miércoles 18 de noviembre de 2020. […] El Gobierno pide que la decisión de la corte sobre esta moción no se haga pública hasta la realización de la siguiente audiencia y que permanezca sellada hasta que el acusado entre al territorio de México y sea liberado. La develación de esta moción antes de la audiencia podría causar daño a la relación del Gobierno con un aliado extranjero.

A las 10 de la mañana del miércoles 18 de noviembre de 2020 se presentaron ante la jueza Amon el general Cienfuegos Zepeda y su abogado, Edward Sapone; en representación del Departamento de Justicia actuaron los fiscales DuCharme y Bode. La histórica audiencia, cuyo núcleo ahora se transcribe, quedará grabada para la posteridad como uno de los capítulos más extraños y negros en la historia moderna de la relación política, de intereses internacionales y de la lucha bilateral contra el narcotráfico y lavado de dinero entre Estados Unidos y México.

AMON: Señor DuCharme, entiendo que el Gobierno tiene una solicitud. ¿Desea ser escuchado al respecto?

DUCHARME: Sí, brevemente, Su Señoría. Como lo establecimos en nuestros documentos, como punto inicial los fiscales respaldan este caso. No hay preocupación por su solidez. Francamente hay un equilibro de intereses entre el Departamento de Justicia y el Gobierno de Estados Unidos en dar procedimiento a este caso en materia de relaciones exteriores y en particular de la relación con México y la cooperación en los esfuerzos judiciales al respecto, y con el entendido de que se refiere al tráfico de narcóticos y corrupción gubernamental. Pero Estados Unidos determinó que los amplios intereses por mantener la relación en el ámbito de la buena cooperación pesan más que los intereses del Departamento de Justicia y del interés público en dar seguimiento a este caso en particular.

AMON: Entiendo esta petición proviene del más alto nivel del Departamento de Justicia, que fue una decisión tomada por el procurador general de Estados Unidos. ¿Esto es correcto?

DUCHARME: Es correcto, Su Señoría. El procurador, como usted sabe, hizo una declaración definiendo la posición de Estados Unidos y la coordinación con el gobierno de México.

AMON: [...] Ahora, entiendo que no se requiere el consentimiento del acusado. ¿Se opone a esta solicitud?

SAPONE: Cuando el acusado se presentó para el arraigo ante el juez magistrado Gold, el señor Cienfuegos Zepeda se declaró inocente de cada uno de los cargos contenidos en el encausamiento. Recibimos una copia de la solicitud del Gobierno y ciertamente damos nuestro consentimiento a la aplicación.

AMON: Ahora, entiendo que a través de la solicitud hay consentimiento firmado por el acusado sobre un acuerdo de su remoción. ¿Esto es correcto?

DUCHARME: Es correcto. [...] Y es realmente el interés mutuo de las partes; usted debe conceder la petición para una eficiente y expedita ejecución de nuestro plan conjunto, que es esencialmente regresar a México al acusado para que rinda cuentas bajo las leyes mexicanas tan pronto como esto sea posible.

[...]

AMON: Antes de que aborde el tema, déjenme asegurar que el acusado entiende este acuerdo de remoción. Primero que nada, delegaré que sea sellado bajo los términos del mismo acuerdo y que no sea sellado después de que concluya esta audiencia. Por ello tengo una serie de preguntas que hacerle al acusado. [...] Señor Cienfuegos Zepeda, tengo frente a mí el documento sobre el acuerdo de remoción. ¿Este acuerdo se lo han traducido?

CIENFUEGOS ZEPEDA: Sí, Su Señoría.

AMON: Ahora, quiero que entienda que su acuerdo de remoción entra en efecto únicamente si otorgo mi consentimiento a la solicitud del gobierno. Entiende eso, ¿correcto?

CIENFUEGOS ZEPEDA: Sí.

AMON: Pero si accedo a la solicitud del gobierno usted quedará sujeto a los términos de este acuerdo de remoción. ¿Le queda claro eso?

CIENFUEGOS ZEPEDA: Sí.

[...]

AMON: Ahora, el acuerdo indica que el gobierno y el acusado han establecido que el acusado de manera voluntaria parta de forma expedita de Estados Unidos bajo la custodia del Marshal. ¿Está de acuerdo con eso?

CIENFUEGOS ZEPEDA: Sí.

AMON: ¿También está de acuerdo en ayudar al Marshal en el proceso de remoción proporcionándole todos los documentos necesarios para que regrese a México bajo su custodia? ¿Lo entiende?

CIENFUEGOS ZEPEDA: Sí, lo entiendo, sí.

AMON: ¿Acepta que renuncia a cualquier derecho que pueda tener?

CIENFUEGOS ZEPEDA: Sí, estoy de acuerdo.

AMON: Éstos incluyen el derecho de buscar asistencia ante la remoción, la deportación o exclusión bajo el Acta de Inmigración y Nacionalidad. ¿Está de acuerdo en que en este momento en México no ha sido procesado judicialmente ni tiene temor a serlo?

CIENFUEGOS ZEPEDA: Sí, estoy de acuerdo.

[…]

AMON: Voy a emitir la decisión sobre la petición del gobierno para desechar el encausamiento sin prejuicio.

La regla 48 (a) de las Reglas Federales de Procesos Criminales permite que el gobierno pueda, con la autorización de la corte, eliminar los cargos. El gobierno busca dicha autorización en este caso y el acusado no se opone a ello.

[…]

La corte del Segundo Circuito ha destacado que dichas mociones deben ser cedidas a menos que claramente se manifieste lo contrario para el bien del interés público. Como lo entiendo, la búsqueda de esta remoción se hizo al más alto nivel del gobierno, en el Departamento de Justicia: el procurador general de Estados Unidos.

La justificación establecida para hacerlo es permitir que México investigue y procese judicialmente al acusado. Esto se hizo en reconocimiento de la fuerte alianza entre México y Estados Unidos y por el interés de demostrar un frente unido contra todas las formas de criminalidad.

Aunque éstos son cargos muy serios en contra de una figura muy significativa, […] no tengo razón para dudar de la sinceridad de la posición del Gobierno que aquí se ha tomado para citar lo que dice la carta; como un asunto de política exterior y sin motivo para dudar de la determinación del Gobierno de que las autoridades judiciales de México sinceramente desean llevar a cabo una investigación y posible proceso judicial en contra de este acusado. No hay sugerencia de que esta solicitud se haya hecho con mala fe o aceptando un razonamiento del Gobierno que vaya en contra de los intereses públicos; por eso concedo la solicitud.

Así, ese miércoles 18 de noviembre de 2020, Salvador Cienfuegos Zepeda, *El Padrino*, por un compromiso político forjado entre los gobiernos de López Obrador y Trump, se libró de lo que la DEA considera hasta la fecha el caso de acusación por narcotráfico más significativo, sólido y preocupante en la historia de la narcocorrupción gubernamental y militar de México.

Minutos después de concluida la audiencia, los fiscales firmaron los documentos necesarios para que formalmente quedara registrado el retiro de todos los cargos al extitular de la Sedena. Antes del mediodía, la jueza Amon firmó la orden para que Cienfuegos fuera transportado a México bajo la custodia de los U. S. Marshals.

El acuerdo de remoción establecía lo siguiente:

1. El acusado no es ciudadano ni nacional de Estados Unidos.
2. El acusado es nativo y ciudadano de México.
3. El 15 de octubre de 2020 el acusado quedó en libertad condicional en el aeropuerto internacional de Los Ángeles, California.

4. El 15 de octubre de 2020 el acusado fue arrestado en cumplimiento de una orden de captura en relación al encausamiento judicial número 19-CR-366 (CBA).

5. El 16 de noviembre de 2020 el Gobierno actuó con el consentimiento del acusado para eliminar sin perjuicio el encausamiento judicial.

6. El Gobierno y el acusado acordaron que de manera voluntaria el imputado saldrá de Estados Unidos hacia México de forma expedita bajo la custodia del Servicio de los U. S. Marshals.

7. El acusado aceptó el apoyo del Servicio de los U. S. Marshals para su remoción expedita. Específicamente está de acuerdo en proporcionar cualquier documento de viaje, identidad y otros necesarios para su partida y reunirse y apoyar a representantes mexicanos para realizar su remoción como pedido del Servicio y ejecutar cualquier forma, aplicación o renuncia necesaria para no entorpecer su salida expedita. El acusado entiende que una falla o negativa de respaldar al Servicio en la ejecución de su remoción podría ser castigada con la renovación de su encausamiento en Estados Unidos.

8. Después de hacer consultas con su abogado, el acusado entiende que sí está de acuerdo en renunciar a todas las formas de apoyo contra la remoción, deportación o exclusión estipuladas en el Acta de Inmigración y Nacionalidad de 1952, como está enmendada y relacionada a las regulaciones federales.

Estos derechos incluyen, pero no están limitados, a la habilidad de solicitar las siguientes formas de apoyo en contra de la remoción: asilo, cualquier protección ante la remoción y por cumplimiento del Artículo Tercero de la Convención de Naciones Unidas Contra la Tortura, cancelación de la remoción, ajuste de estatus, revisar la negativa o revocación de un estatus de protección temporal, una solicitud de visa, proceso consular, salida voluntaria o cualquier otro posible recurso y disponible en la Constitución para evitar la remoción en leyes y tratados de Estados Unidos.

9. El acusado acepta que en México no ha sido procesado judicialmente ni tiene temor de serlo, y que es su país de nacimiento y nacionalidad.

10. El acusado está en conformidad con la entrega de sus declaraciones como parte del registro en la corte de que cualquier remoción o procedimiento judicial necesario para llevar a cabo su partida como se ha discutido y que acepta renunciar a sus derechos de privacidad.

11. El acusado acepta ceder cualquier y todos sus derechos para disputar alguna enmienda a este acuerdo ante una corte o tribunal en Estados Unidos o en el extranjero.

12. Ambos, el gobierno y el acusado, acuerdan de manera respetuosa pedir que este acuerdo se mantenga sellado. Las partes están de acuerdo en que la develación de este acuerdo antes de la celebración de la audiencia

de remoción podría causar daño a la relación del gobierno con un aliado extranjero.

La Fiscalía General de la República (FGR), dirigida por Alejandro Gertz Manero, informó que el miércoles 18 de noviembre de 2020 a las 18:40 horas el general Cienfuegos Zepeda arribó al hangar de la dependencia federal ubicado en el aeropuerto internacional de la Ciudad de Toluca, Estado de México, donde lo recibieron funcionarios de la FGR. De inmediato fue llevado a un salón privado del hangar de la FGR, en donde fue sometido a un dictamen pericial médico obligatorio del cual salió favorable. Enseguida un agente del Ministerio Público le informó formalmente sobre la existencia de una investigación en su contra, cuyos detalles tenían como sustento la información del encausamiento en Estados Unidos que se desechó en Nueva York. Los agentes le informaron que la investigación ahora sería responsabilidad y exclusividad de la FGR.

Así quedó consumada la repatriación a México del general Salvador Cienfuegos Zepeda, *El Padrino*, con la promesa del fiscal Gertz Manero de que lo investigaría.

6

"Como lo prometí, regresé a Cienfuegos"

El 5 de diciembre de 2019, William Barr, procurador general de Justicia de Estados Unidos, llegó a la Ciudad de México para entrevistarse en Palacio Nacional con el presidente Andrés Manuel López Obrador.

"Era mi objetivo persuadirlo para reforzar los esfuerzos contra los cárteles, explicarle que su impunidad relativa cuando crecía más que nunca el flujo de veneno a Estados Unidos era una situación intolerable que no podíamos permitir", recuerda Barr en el recuento de esa visita a la capital mexicana.

One Damn Thing after Another: Memoirs of an Attorney General (Una maldita cosa tras otra. Memorias de un procurador general, HarperCollins) es el título del libro que Barr publicó en la primavera de 2022. Su capítulo 15 está dedicado a la lucha contra el narcotráfico y la cooperación con el gobierno mexicano. El arranque de ese apartado se concentra en exponer que su entrevista con AMLO era una misión especial, una especie de oportunidad para obligar al gobierno mexicano a que hiciera lo necesario para detener el tráfico ilegal de narcóticos al país del norte.

Recuerda Barr que AMLO, como candidato a la presidencia, había prometido a los mexicanos que cambiaría la estrategia de Enrique Peña Nieto de combatir a los cárteles de la droga con el ejército y la marina. Era "un populista de centro-izquierda que había pronunciado el fin a la guerra contra las drogas adoptando una política a la que llamó de 'abrazos, no balazos'", en palabras de Barr. La amenaza del narcotráfico y el fortalecimiento de los cárteles mexicanos obligaba a Trump a buscar una solución por medio de la colaboración y a eso fue Barr a Palacio Nacional.

El presidente Trump preparó el escenario para mi reunión al anunciar que iba a designar a los cárteles mexicanos como organizaciones terroristas. Eso significaba la imposición de sanciones como congelar y confiscar cuentas bancarias, bienes y vetar viajes a Estados Unidos de cualquier entidad o individuo de México que haya tenido relación con los cárteles. La imposición sería un golpe al orgullo nacionalista mexicano. La prensa mexicana pronosticaba que AMLO me educaría sobre la soberanía y correría a los Yankees (p. 361).[1]

---

[1] La versión en español de los fragmentos del libro de William Barr que aparecen en este capítulo son traducciones mías de la obra publicada originalmente en inglés por HarperCollins.

Sin hacer mención del hecho de que ya había sido informado en detalle sobre el expediente del Padrino que tenían la DEA y los fiscales del Departamento que dirigía, el procurador estadounidense hace una especie de apología fiel al estilo Trump de esa misión a México. Afirma que el entonces presidente de Estados Unidos tenía en estima a AMLO, que estaba complacido con el gobierno de nuestro país por sus políticas migratorias, aunque aclara que se instrumentaron por la amenaza de su jefe de imponer tarifas arancelarias a las exportaciones mexicanas y no por voluntad en el ámbito de la cooperación bilateral. "México ayudó a detener la corriente de inmigrantes indocumentados que cruzan las fronteras estadounidenses. AMLO desplegó a la fuerza militar para contener el flujo", presume Barr.

El procurador confiesa que tenía esperanza en conseguir que López Obrador decretara abiertamente ante él que militarizaría la lucha contra los cárteles del narcotráfico. Al describir aquella sesión en la que le ocultó al presidente de México y al secretario de Relaciones Exteriores, Marcelo Ebrard (con quien se reunió antes de ir a Palacio Nacional), lo que ya sabía de Cienfuegos Zepeda, Barr caracteriza al mandatario mexicano como un hombre tranquilo y amigable. López Obrador, de acuerdo con él, fue muy explícito con respecto a la simpatía que sentía por el presidente estadounidense: "Muchos no van a entender, pero él y yo tenemos mucho en común".

Después de esta declaración, escribe Barr que el mandatario mexicano le explicó los sacrificios y costos que significaba para México combatir al narcotráfico, sobre todo porque en Estados Unidos no paraba la demanda ni el consumo de estupefacientes.

La idea de visitar a AMLO, como lo confiesa Barr, nació en el verano de 2019. El 14 de agosto de ese año, en Nueva York se tenía listo el encausamiento judicial contra Cienfuegos Zepeda por delitos de narcotráfico y lavado de dinero.

Barr opinaba entonces que la única estrategia eficaz para derrotar a los cárteles no consistía en detener la demanda y el consumo, sino en cerrar la fuente del producto usando la fuerza necesaria y sin indecisiones.

"No tiene sentido meter en prisión a generación tras generación de vendedores de drogas locales mientras se deja intocables a los cárteles", refiere Barr. "Esto no quiere decir que debamos ignorar a las redes locales de distribución en las calles de Estados Unidos, pero un avance auténtico requiere confrontar a los cárteles en su terruño y eliminar los santuarios extranjeros que necesitan para operar."

La ideología antinarcóticos del exprocurador es paralela a la filosofía de la DEA que llevó a esta entidad federal estadounidense a la derrota en su guerra contra las drogas. Para Barr, la guillotina con el filo y peso necesario para cortar la cabeza a la serpiente del narcotráfico es el poder policial del gobierno federal, sin mucha consideración por el elemento de educación y salud pública que es el núcleo del problema imparable de drogadicción en Estados Unidos. "La tragedia no es que la guerra contra las drogas se haya perdido, es que no ha sido verdaderamente peleada, por lo menos con la fuerza que merece", sostiene el exfiscal.

Su interés en intervenir en México presionando a AMLO con la amenaza de clasificar como grupos terroristas a los narcos lo atañe Barr a su hija, Mary, una mujer abogada y exfiscal federal concentrada en el tema de los narcóticos. Mary fungió como coordinadora del equipo de tarea de combate a los opiáceos, puesto que asumió cuando su padre fue nombrado por Trump como titular del Departamento de Justicia.

Desde 2015 a la fecha, Estados Unidos pasa por una crisis insostenible y aterradora de muertes por sobredosis de drogas, en especial las sintéticas elaboradas con fentanilo. De acuerdo con los Centros para el Control y Prevención de Enfermedades (CDC), los decesos por sobredosis son la otra pandemia que corroe a la sociedad y en particular a la anglosajona pobre, de clase media y media alta. Hasta agosto de 2022, cuando se empezó a editar este libro, en Estados Unidos se registraban 274 decesos por sobredosis cada 24 horas. De acuerdo con el pronóstico del CDC, para enero o febrero de 2023 la cifra podría rebasar los 300 muertos.

Cuando era presidente, Trump nunca estuvo interesado en el problema del consumo de narcóticos en su país. Su narcisismo le impedía al expresidente ver cualquier cosa que no tuviera injerencia en su ambición de reelegirse. Los números de los CDC eran un recordatorio de que no todo en Washington es política, que hay otros asuntos nacionales que se deben atender.

En este contexto, al presidente se le ocurrió que declarando como organizaciones terroristas a los cárteles de México mataría dos pájaros de un solo tiro sin atender la problemática esencial del consumo: obligaría a AMLO a abandonar su estrategia de "abrazos, no balazos", y otra vez México estaría haciéndole el trabajo sucio a Estados Unidos, como lo lleva a cabo en migración. Esto convertiría a México en un chivo expiatorio que permitiría con mucha facilidad meter bajo la alfombra de la Casa Blanca las estadísticas de los CDC.

Afirma Barr en su libro:

Durante los primeros dos años de la presidencia de Trump, por primera vez en décadas declinaron las sobredosis. Esta baja ocurrió principalmente por nuestros exitosos esfuerzos para contener el abuso de medicamentos recetados. Pero, conforme transcurría 2019, me daba la impresión de que crecía el flujo de opiáceos ilegales que se colaban por México, especialmente los opiáceos sintéticos mortales con fentanilo, que es 100 veces más fuerte que la morfina. Esto contrarrestaría lo que habíamos logrado en el combate a las sobredosis con medicinas recetadas. [...] Los cárteles estaban produciendo metanfetaminas con una potencia sin precedentes y a una escala industrial.

Sin embargo, la baja en muertes por sobredosis de las que habla Barr no existe, o por lo menos no está registrada en la fidedigna bitácora mortal de los CDC. Trump inició su periodo presidencial de cuatro años el 20 de enero de 2017; a partir de esa fecha y hasta el último día de diciembre de ese año, los CDC reportaron 63 mil 938 muertes por sobredosis, 175 decesos cada 24 horas; un aumento respecto a los 52 mil 623 fallecimientos (144 diarios) en 2015. Y en el segundo año de su periodo las muertes por sobredosis se ubicaron en 70 mil 699, es decir, 193 diarias; 6 mil 761 más que en 2016.

Extrañamente Barr no registra que en 2018 descendió ligeramente el número de muertes por sobredosis, con 67 mil 850 o 185 por día; en 2019 los CDC contaron 71 mil 130 decesos; y de enero de 2020 a enero de 2021, cuando se fue Trump de la Casa Blanca, 94 mil 783, esto es, 194 y 259 fallecimientos por día, respectivamente.

"Todo lo tengo claro: nuestro problema de proveedores de drogas reside efectivamente en un solo lugar: México", afirma Barr. Obsesionado como su jefe en culpar a otros de sus problemas, sostiene que los cárteles del narcotráfico mexicano operan con total impunidad: "Los cárteles son casi un Estado dentro de los estados, operan desde refugios seguros por encima del control del gobierno de México".

Con el tono de quien presenta una gran revelación, aunque en realidad sin exhibir ninguna novedad, Barr narra a sus lectores que con "los océanos de dinero en efectivo" a su disposición, los narcotraficantes mexicanos compran y tienen bajo sus órdenes a políticos, policías, comandantes militares y jueces en México. La corrupción como impedimento para la aplicación de la ley, y la justicia imposibilitada por los abrazos y no balazos de López Obrador.

Eludiendo hacer mención directa a Cienfuegos Zepeda, tal vez porque ya conocía los pormenores del encausamiento judicial en contra del titular de la Sedena en el sexenio de Peña Nieto, Barr denuncia: "Esto es en parte porque en algunas ocasiones los funcionarios corruptos adelantan y filtran información sobre operaciones a los cárteles". Esta aseveración de Barr encaja perfectamente en la trama de colusión que la DEA le achacó precisamente a Cienfuegos Zepeda en relación con el cártel del H2:

Para el gobierno de Trump las principales organizaciones criminales de México metidas en el trasiego de drogas, sobre todo de opiáceos y fentanilo, eran los cárteles Jalisco Nueva Generación (CJNG) y de Sinaloa. Al primero se refiere Barr como una organización formada hace apenas poco

más de una década, y que en 2019 ya operaba en dos ter-
cios de todos los estados de la república mexicana. En octubre de 2019, mientras revisaba con el presidente Trump
nuestra estrategia para México, el gobierno de ese país fue
humillado en un evento que luego se llamó la *batalla de
Culiacán*. Un gran convoy de tropas mexicanas fue a esa ciudad a arrestar al hijo del Chapo [Ovidio Guzmán López],
y las tropas fueron rodeadas por unos 700 elementos pa-
ramilitares del cártel equipados con vehículos artillados,
lanzacohetes y ametralladoras de gran calibre. Después de
que las fuerzas del cártel se apoderaran de un complejo
habitacional donde viven las familias de los militares, las
tropas dejaron libre al hijo del Chapo. Aun en los mejores
tiempos de México su sistema criminal tradicionalmente
ha sido ineficaz.

La percepción de Barr frente a los acontecimientos de
ese momento coincide con la que muchos mexicanos man-
tienen hoy ante la problemática de la inseguridad y violencia relacionada al narcotráfico: que la política de AMLO
no muestra interés por capturar a los dirigentes de los cárteles. El exprocurador ilustra esta visión con la decisión de
López Obrador de sacar a varias unidades de la Semar
de las operaciones antinarcóticos, sin importar que agencias federales estadounidenses como la DEA no tuvieran
otro aliado más confiable que los marinos mexicanos. Ni
las promesas de AMLO de cero corrupción, de acuerdo

con el análisis de Barr, darían resultados en el corto plazo para abollar al narcotráfico. El exprocurador quería balazos: "Pese a que AMLO tenía grandes esperanzas en que sus políticas pacifistas reducirían las tasas crecientes de homicidios, eso no estaba ocurriendo".

Es más, Barr asevera que "la situación actual en México representa un gran peligro para Estados Unidos; un escenario de pesadilla es la posibilidad de que los cárteles se hagan más poderosos y se atrincheren", lo que implicaría, además, una posibilidad de que el gobierno de AMLO permitiera que los cárteles, sin riesgos de nada, continuaran con su negocio de trasegar drogas a Estados Unidos, a cambio de bajar los niveles de violencia en México, "para dar una impresión falsa de cooperación [con Estados Unidos], mientras la realidad era de una capitulación por parte del gobierno de México".

Esa posibilidad era inconcebible en la presidencia de Trump. Barr estaba de acuerdo en que, como hizo Trump con la amenaza de las tarifas arancelarias para doblegar a AMLO en materia migratoria, usara ahora lo de la designación de las organizaciones terroristas a los cárteles para obligar al presidente mexicano a confrontar directamente a los narcos. De hecho, según Barr, en el congreso federal estadounidense avanzaba ya esta idea.

Hubo otras opciones que no describe el exprocurador, quien se limita a decir que, en lugar de declarar la designación como terroristas, se optó por intentar convencer a los mexicanos de actuar juntamente con Estados Unidos en un "plan de ataque concreto".

En el plan se contempló que México agilizara y facilitara la extradición de capos a Estados Unidos y que al Departamento de Justicia se le permitiera proceder judicialmente en su contra. Washington entregó al gobierno de AMLO una lista de personajes del crimen organizado a quienes deseaba ver extraditados y que "aparentemente estaban congelados".

Otra exigencia fue que el gobierno mexicano facilitara las cosas a la DEA para colaborar con los marinos mexicanos en la ubicación y captura de los cabecillas del narcotráfico: "Estábamos identificando muchos más barcos del narcotráfico que los que teníamos capacidad de interceptar, y considerábamos que agregando seis fragatas estadounidenses, tres en el Pacífico y tres en el golfo de México, incrementaríamos radicalmente la confiscación de drogas", explica Barr.

En AMLO el exprocurador se encontró con un presidente aferrado a sus ideas de que Estados Unidos debía hacer más para contener la demanda y consumo de drogas. Exigía también que el gobierno de Trump combatiera el tráfico ilegal de armas estadounidenses hacia México, a las que atribuía buena parte de la violencia e inseguridad entre los mexicanos. Ya Barr, en su reunión con Ebrard, antes de ir a Palacio Nacional, había sido notificado que lo que López Obrador deseaba era que Estados Unidos no tuviera injerencia en asuntos netamente mexicanos y que se reservara la idea de intentar violar la soberanía con sus propuestas.

"Dije, y por supuesto que lo sostengo, que hasta los derechos de soberanía tienen obligaciones de reciprocidad. Un gobierno que ejercita soberanía sobre su territorio tiene la obligación de garantizar que su territorio no sea usado como plataforma de lanzamiento de actividades injuriosas dirigidas contra sus vecinos", escribe Barr.

A AMLO le dio certezas de que Trump no tenía intenciones de infligir actos violatorios a la soberanía mexicana. La Casa Blanca, más que retórica nacionalista, quería acciones concretas y exitosas del gobierno de AMLO y en colaboración con Estados Unidos en contra de los cárteles. Barr intentó vender la idea de que enfrentar las causas sociales, culturales y económicas que generaban la inseguridad en México no implicaba un divorcio de las acciones de mano dura contra el narcotráfico.

El mandatario mexicano reviró con la afirmación de que mientras en Estados Unidos no se redujera la demanda de drogas, la sociedad mexicana pagaría las consecuencias con cifras elevadas de violencia y muerte. "Mi respuesta fue que, tomando en cuenta la naturaleza de los narcóticos, ambos, el proveedor y el adicto, compartían una culpa moral. Ninguno con justicia podría hacerse víctima del otro", comenta el exprocurador.

Conocedor de la defensa a ultranza que hace AMLO de los pobres y los indígenas de México, Barr recurrió a una retórica sentimentalista y populista para señalar al presidente mexicano que los cárteles estaban inundando a las poblaciones de indios americanos en su país con metanfetaminas baratas, y que eso a él lo comprometía apasionadamente para defender a los indios americanos. "Eso sacudió a AMLO, lo pude ver en su rostro. En conclusión, le establecí que Estados Unidos no podía sentarse pasivamente y observar la devastación sin hacer nada en contra de los cárteles", escribe.

En resumen, de la reunión se obtuvo en claro que para AMLO la designación de los cárteles como organizaciones terroristas sería contraproducente y una violación a la soberanía mexicana. Antes de volver a Washington para darle el mensaje de López Obrador a Trump, Barr se encontró de nuevo con Ebrard y ambos acordaron que, en un mes —esto es, en enero de 2020—, tendría que realizar otra visita a la capital mexicana. Al recibir noticia de la posición de AMLO, Trump reculó temporalmente de la idea de designar como terroristas a los narcos mexicanos, en parte, aparentemente, gracias a la simpatía que tenía por el presidente de México. Apegado al estilo de su jefe, Barr afirma en su libro que tres meses después de haber visitado por primera vez a AMLO, la cooperación bilateral contra el narcotráfico rendía frutos, específicamente en materia de extradición: el gobierno de AMLO empezó a enviar a Estados Unidos a los criminales solicitados por el Departamento de Justicia de manera expedita, "casi sesenta extradiciones en unos meses". Barr presume también que la Semar reactivó sus actividades con la DEA, y que la Oficina de Alcohol, Tabaco, Armas de Fuego y Explosivos (ATF, por sus siglas en inglés) apoyaba al gobierno mexicano en el rastreo de las armas confiscadas y traficadas ilegalmente en la ruta de norte a sur.

Entonces comenzó la pandemia por covid-19. Barr responsabiliza a la emergencia sanitaria de haber paralizado no sólo la lucha bilateral contra el narcotráfico, sino casi toda la cooperación en sus diferentes áreas, aunque no como causa única.

"Incluso antes de la pandemia comencé a percibir señales perturbadoras de que los esfuerzos del gobierno mexicano no eran tan robustos como esperaba", afirma el exprocurador, quien de forma indirecta describe actos similares a los que la DEA le asignó en su acusación a Cienfuegos Zepeda:

hubo instancias perturbadoras en las que daba la impresión de que los cárteles estaban siendo informados con anticipación de los planes y las acciones importantes que se llevarían a cabo en su contra. Este tipo de corrupción es endémica en México, pero este episodio me hacía poner en duda la magnitud del éxito de AMLO en depurar a su gobierno de la corrupción. En cualquier caso, siempre sospeché que cuando se trataba de confrontar a los cárteles, el gobierno de AMLO era un guerrero reticente y que sin presión caería en la pasividad. La pandemia dio a los mexicanos una buena excusa para retractarse; muy mal.

Barr dedica las últimas tres páginas del capítulo titulado "Luchando contra los cárteles de la droga" a resumir el caso del general Cienfuegos Zepeda. El recuento comienza con la referencia a lo ocurrido unas semanas antes de que se celebraran las elecciones presidenciales en su país, las del martes 3 de noviembre, que perdió Donald Trump. En clara contradicción con lo que en este trabajo se describe más adelante, Barr afirma que "los altos funcionarios [incluido él] del Departamento de Justicia no fueron notificados de que se llevaría a cabo el arresto. El presidente López Obrador estaba furioso porque no fue alertado ni de la investigación ni de la captura. Personalmente sentí que el caso Cienfuegos no valía el ahondar en proyectos de una cooperación más amplia con los mexicanos".

Once días después del arresto de Cienfuegos, el canciller mexicano le expresó en una llamada telefónica las objeciones a la detención del connotado jefe marcial. "Se quedó estupefacto con mi concesión preventiva", escribe Barr. Añade que a Ebrard le pidió una disculpa, explicándole que el arresto "no pasó por un proceso normal" y que ni siquiera la dirigencia de la DEA había sido alertada.

Dejé en claro mi deseo de devolver a Cienfuegos y sostuve que me haría cargo de las formalidades para lograrlo. A cambio pedí que AMLO no siguiera adelante con la legislación que envió a la Cámara de Diputados y que de manera efectiva neutralizaría a la DEA en México. Le dije que estábamos dispuestos a trabajar con su país sobre protocolos para prevenir eventos similares en el futuro, pero que la legislación imposibilitaría el trabajo eficiente en contra de los cárteles. Ebrard tomó nota. Luego sugirió que si le entregábamos a México las evidencias contra Cienfuegos las autoridades mexicanas investigarían el caso.

La legislación mexicana que eventualmente aprobó el Congreso y AMLO promulgó acabó con los privilegios e impunidad con la que operaron los 54 agentes que tiene la DEA en México durante años bajo las presidencias de políticos priistas y panistas, pero en especial con la de Felipe Calderón Hinojosa. En el sexenio del panista, y con la justificación de la ahora desaparecida Iniciativa Mérida, los agentes tuvieron acceso e influencia incontrolable en el gobierno. Primero, dejaron crecer la relación y colusión entre el Cártel de Sinaloa y Genaro García Luna, secretario de Seguridad Pública, a quien luego detendrían en Dallas, Texas, en diciembre de 2019. En la Procuraduría General de la República (PGR, ahora reemplazada por la FGR), y de manera particular cuando Marisela Morales fue procuradora general, tenían acceso a las averiguaciones previas en casos sensibles, incluso antes que los propios ministerios públicos mexicanos. Realizaban arrestos disfrazados de policías federales, funcionarios de la PGR y hasta de marinos mexicanos, y por igual encabezaban operativos policiales e iban armados hasta los dientes, en detrimento y violación de lo que dicta la Constitución para con los agentes extranjeros que se encuentran dentro del territorio mexicano.

Trump y Barr se oponían a la ley de seguridad instrumentada por AMLO, por medio de la cual, por primera vez desde que la DEA llegó a México en 1973, la dependencia federal estadounidense estaría obligada a rendir informes mensuales ante la SRE, en los que especificaría sus actividades, entradas y salidas en los diferentes estados. De esta manera, la DEA quedó imposibilitada para participar físicamente en operativos antinarcóticos y de cualquier otra índole, que por mandato constitucional son prerrogativa de las instituciones de seguridad nacional de México. En palabras más directas, López Obrador cerró todas las puertas y ventanas a la DEA y la relegó a un papel pasivo, lejos del protagonismo del que disfrutó con Calderón Hinojosa.

"Pero, como lo mexicanos sabían bien, estos procedimientos harían casi imposible prevenir el intercambio de información de inteligencia con el gobierno de México para llegar a los cárteles", insiste Barr, agregando que la DEA es la fuerza más confiable, dedicada, profesional y eficiente para destruir al narcotráfico en México. Su visión es una antítesis a lo que reportan los CDC sobre las muertes diarias por sobredosis en la Unión Americana, y que son prueba irrefutable del fracaso de la guerra contra las drogas ilícitas que en 1973 decretó Richard Nixon. Barr resume:

> Después de que Trump perdió la elección no había razón para que AMLO continuara con la cooperación para enfrentar a los cárteles. Las operaciones prometedoras se postergaron repetidamente. A mediados de noviembre regresé a Cienfuegos, como lo prometí. Pero después de eso no había ni un asomo de cooperación. Los mexicanos siguieron adelante con la legislación y la aprobaron, la cual dejó incapacitada a la DEA, y además anunciaron la exoneración de Cienfuegos.

Dos meses después de la segunda visita de Barr a López Obrador, y antes de las elecciones del 3 de noviembre y del arresto de Cienfuegos, los cambios en la estrategia mexicana de cooperación con Washington ya estaban enfocados a eliminar cualquier vestigio remanente del sometimiento a los caprichos de la DEA. El 17 de marzo de 2020, Ebrard y Alfonso Durazo Montaño, entonces secretario de Seguridad y Protección Ciudadana (SSPC), mandaron a Barr una misiva oficial para informarle de lo que se venía:

Como es de su conocimiento, la administración del presidente Andrés Manuel López Obrador dedica todo tipo de esfuerzos para erradicar la grave problemática de criminalidad que tanto Estados Unidos como México hemos venido padeciendo en las últimas décadas.

Reconocemos el trabajo y las investigaciones realizadas por parte de las autoridades estadounidenses para perseguir a las organizaciones criminales de origen y operación en territorio de Estados Unidos, vinculadas al Cártel Jalisco Nueva Generación. De igual manera, apreciamos su enfoque, que atiende la transnacionalidad de este problema y sus consecuencias.

El carácter transnacional de los grupos criminales nos obliga a fortalecer la cooperación y compartir información e inteligencia entre nuestros países. El Grupo de Alto Nivel en Materia de Seguridad (Ganseg) es un mecanismo bilateral que refleja nuestra voluntad política y nos ha permitido avanzar en una ruta común en la materia. En ese contexto nos permitimos plantear la conveniencia recíproca de que cada país pueda fortalecer su propio esfuerzo de investigación e inteligencia con aquellas acciones desarrolladas por el otro.

El propósito es hacer más efectiva la cooperación para complementar las investigaciones que cada uno llevamos a cabo en nuestros países para hacer frente a los cárteles de las drogas. Es así que respetuosamente solicitamos acceso a la investigación y operación que la Drug Enforcement

Administration (DEA) desarrolló, bajo el nombre "Proyecto Python", para perseguir y someter a proceso judicial a criminales que llevan a cabo sus acciones en territorio estadounidense. Por tal razón le solicitamos nos pueda compartir los nombres y alcances de estos grupos delictivos, así como su posible vinculación con las organizaciones criminales mexicanas, para avanzar conjuntamente a través de nuestras respectivas instituciones de seguridad.

De igual manera hacemos referencia a la información que el pasado 9 de febrero de 2020 fue publicada en la revista mexicana *Proceso*, número 2258, bajo el título "Hay 'cárteles domésticos' en Estados Unidos", tanto de manera escrita, como en su versión electrónica,[2] de la autoría del periodista mexicano J. Jesús Esquivel, y en la cual entrevista al señor Polo Ruiz, Agente Especial a cargo (SAC) de la DEA en Arizona, funcionario federal del Gobierno de Estados Unidos adscrito a citada agencia.

En el artículo se citan al menos cuatro organizaciones delictivas involucradas en el tráfico de drogas, cuyo origen se identifica en Estados Unidos de América (Hell's Angels, Los Bandidos, Gangster Disciples y Calle 18), reconociendo, a la vez, la existencia de nexos entre estas organizaciones con grupos criminales mexicanos (Cártel de Sinaloa y

[2] https://www.proceso.com.mx/reportajes/2020/2/8/hay-carteles-do mesticos-en-estados-unidos-238284.html

Cártel Jalisco Nueva Generación) para el trasiego de enervantes, en especial fentanilo.

Esta relación conlleva a una cadena de actos ilícitos además de la producción, tráfico, venta y consumo de narcóticos, como lavado de dinero o blanqueo de capitales, tráfico de armas y de personas, entre otros. Además de los efectos nocivos para la salud de nuestras poblaciones y la pérdida de vidas humanas.

El gobierno de México, a través de la Secretaría de Seguridad y Protección Ciudadana y la Secretaría de Relaciones Exteriores, agradecerá la información que en este sentido nos pueda Usted hacer llegar por el conducto que así determine.

A través de su agente y representante legal, este tecleador solicitó una entrevista con Barr para cotejar con él la información recabada para este trabajo con respecto al general Cienfuegos Zepeda. Mi intención se vio frustrada: la respuesta del exprocurador de Justicia de Estados Unidos fue una rotunda negativa.

"Creía que la orden de detención de Cienfuegos había venido de Biden"

En septiembre de 2020 Joe Biden, candidato presidencial por el Partido Demócrata, estaba completamente dedicado a derrotar a Donald Trump en la contienda por la Casa Blanca. Las encuestas sobre la tendencia electoral mostraban que las elecciones presidenciales del martes 3 de noviembre serían posiblemente las más cerradas y las de mayor participación en la historia de Estados Unidos, y así ocurrió: 81 millones 268 mil 924 ciudadanos votaron por sacar a Trump de la Casa Blanca (y no necesariamente por colocar a Biden en la presidencia), y 74 millones 216 mil 154 por retener cuatro años más al magnate de la industria inmobiliaria.

Un detonante para el resultado en contra de Trump fue la desfachatez y el menosprecio con el que manejó la crisis sanitaria generada por la pandemia de covid-19. El saldo de cientos de miles de muertos que dejó la nueva enfermedad durante su paso por Estados Unidos fue factor definitivo y catalizador para los votantes que optaron por el cambio y eligieron a Biden.

En mis 34 años como corresponsal de medios mexicanos acreditado ante la Casa Blanca, el Congreso federal estadounidense y en algún momento también el Departamento de Estado, he tenido la experiencia de cubrir, desde noviembre de 1988 hasta noviembre de 2020, nueve elecciones presidenciales, con todo y las primarias de los partidos Demócrata y Republicano, así como las campañas proselitistas de sus respectivos candidatos. Este bagaje del hermoso oficio del periodismo me ha dejado en claro una cosa con respecto a las elecciones presidenciales en Estados Unidos: con la excepción del tema migratorio, y eso sólo para un porcentaje pequeño del sector ultraconservador y racista de la sociedad estadounidense, México no tiene influencia para marcar una tendencia electoral ni definir al ganador de los comicios. En términos generales, los temas de política exterior no son parteaguas en las elecciones para elegir al huésped de la Casa Blanca.

Esto quedó corroborado en 2020. Trump, que al lanzar su candidatura a la nominación presidencial republicana en 2015 tomó el asunto de la inmigración indocumentada como tema central de su campaña para las primarias, que usó a México como piñata y a nosotros los mexicanos como trapeador al etiquetarnos como narcos, violadores, delincuentes y causantes de todo mal y pecado que aqueja a la sociedad de su país, y además prometió que obligaría al gobierno mexicano a financiar la edificación de un muro en la frontera sur de su nación (lo que nunca ocurrió), cuando llegó el momento de la disputa electoral con Biden, abandonó esa retórica racista y conservadora en su plataforma proselitista por la reelección.

Está claro que los votantes estadounidenses no nos consideran tema electoral. Nos ven hacia abajo, como a los mexicanos que sueñan con irse a vivir a sus estados para *robarles* los empleos mal pagados que ni ellos quieren porque los consideran indignos. Para un gran sector de esa sociedad, y específicamente el conservador que sigue ciegamente apoyando a Trump y que en su mayoría está afiliado al Partido Republicano, los mexicanos somos narcotraficantes y estamos sometidos por gobiernos corruptos e ignorantes. Me duele admitirlo, pero durante los viajes de trabajo que he realizado a casi todos los 50 estados de la Unión Americana siempre he tenido esa percepción segregacionista.

En noviembre del año 2010, cuando a Trump ni siquiera se le había ocurrido pensar en la presidencia de Estados Unidos (es más: tampoco estaba afiliado al Partido Republicano, sino que más bien era seguidor del Demócrata), en Fremont, un pueblo rural del estado de Nebraska, se aprobó la Ordenanza 5165.

La Ordenanza 5165, que fue votada por la mayoría de los 26 mil 023 pobladores que tenía Fremont —97%

blanca y anglosajona—, prohibía en sus estatutos que los latinos vivieran entre ellos, en el pueblo.

En Fremont tienen sus plantas las empacadoras de alimentos más grandes de Estados Unidos, como Hormel, en las cuales los trabajadores manuales (los que no son ejecutivos ni jefes de departamentos) son casi todos latinos, y de éstos 90% son mexicanos. A unos cinco kilómetros de distancia de las plantas empacadoras de alimentos, construidas un poco lejos del pueblo, en las afueras, el olor a estiércol de cerdo se hace insoportable aun dentro del automóvil y con las ventanillas cerradas.

La Ordenanza 5165 era tan racista y antimigratoria que, pese a que la mano de obra latina es la fuente de vida de su industria de embutidos, establecía como violación a las leyes locales siquiera "rentar una vivienda dentro del poblado a inmigrantes indocumentados".

Acudí a esa población, que se localiza a 83.6 kilómetros de distancia de la ciudad de Lincoln, la capital del estado, una metrópolis pujante y moderna en donde vive uno de los hombres más ricos, poderosos e influyentes de Estados Unidos, Warren Buffett, para elaborar un reportaje que se publicó en *Proceso* sobre el creciente racismo y odio a los latinos que ya desde hace 12 años amenazaba con convertirse en el gran problema que es ahora.

Donald B. Edwards (republicano, obviamente) llevaba más de 10 años como alcalde de Fremont. Me recibió en su oficina del edificio municipal ubicado en el centro del pueblo. Cuando solicité la entrevista a su secretaria, me extrañó que tardara solamente dos minutos, en lo que consultaba con su jefe, para darme una respuesta favorable. Pero al entrar a su oficina descubrí la razón.

—No puedo creer que en Estados Unidos haya reporteros de México, y menos que una revista, como en la que dice que trabaja, pueda enviar a alguien para hacer un reportaje sobre nosotros.

—Me vine en avión, no en burro.

—Increíble —me respondió el alcalde, quitándose el sombrero estilo texano y rascándose la rubia cabellera. Obviamente no entendió el sarcasmo frente a su ignorancia sobre mi amado México.

Las páginas que siguen ayudarán a los lectores a entender el contexto del racismo e ignorancia respecto a los mexicanos que se vive en Estados Unidos, y qué pasa cuando los desestiman gentes muy dotadas en el conocimiento de la historia de México. Específicamente me refiero al presidente Andrés Manuel López Obrador que, increíblemente, se proclama amigo de uno de los peores enemigos de los mexicanos: el expresidente Donald Trump.

Me atrevo a apostar doble contra sencillo a que Joe Biden no sabía, a 18 días de las elecciones presidenciales, quién era Salvador Cienfuegos Zepeda; aunque tal vez siendo vicepresidente de Barack Obama hubiese escuchado el nombre de quien fuera titular de la Sedena durante la presidencia del priista Enrique Peña Nieto.

Como ya comenté al principio de este libro, meses antes del año de la desgracia de Cienfuegos Zepeda, Martha Bárcena Coqui, embajadora en esos momentos de México en Estados Unidos, y su esposo, el también embajador Agustín Gutiérrez Canet (quien por cierto es tío de Beatriz Gutiérrez Müller, la esposa de López Obrador), acudieron a mi casa. La embajadora me ayudó a entender el contenido de centenares de páginas que había recibido de manera anónima ante la puerta de mi casa. Ella recuerda de esta manera lo que se dijo en esta visita, como lo comentó en mayo de 2022, cuando la entrevisté para la elaboración de este trabajo:

La verdad es que de esa comida no me acuerdo exactamente la fecha, y al final de la comida, cuando estuvimos platicando, me dijiste:

—Me dijeron por ahí que hay una investigación en contra de los verdes, que se llama El Padrino, y que parece que involucra al general Cienfuegos y otros generales.

—¿Cómo lo ves?

—Delicado.

—¿Crees que el gobierno [mexicano] tenga objeciones?

—No lo sé, porque no sé qué tan válida sea esa investigación.

Ahí quedó, yo me quedé en eso. Me dijiste:

—Es un tema que nos han filtrado a mí y al periodista de *The New York Times*, el que escribió el libro de El Chapo [Alan Feuer].

Sabía, porque soy testigo de la capacidad profesional, experiencia diplomática y astucia política de la embajadora Bárcena Coqui, que con mi pista ella se pondría a averiguar por su lado para corroborar si en verdad el gobierno de Estados Unidos se iba a meter con los príncipes herederos de la Revolución Mexicana (muchos de los cuales, por sus acciones, no la honran): los generales del ejército y, por supuesto, específicamente uno de los intocables, el exsecretario de la Defensa Nacional.

Ya la embajadora había echado mano del adjetivo *delicado* cuando le pedí a botepronto sopesar la potencialidad del asunto en materia de la relación bilateral, ante todo, porque le di el contexto: un grupo de fiscales de Estados Unidos, apoyados en investigaciones de la DEA en México, acusaban a Cienfuegos Zepeda y a otros militares de narcotráfico, corrupción y lavado de dinero.

Con Feuer teníamos el compromiso de acudir a nuestras fuentes de información y contacto para deshilvanar hasta donde pudiéramos la Operación Padrino, y con ello, sin temor a que el Departamento de Justicia de Estados Unidos nos acusara del delito de "obstrucción de la justicia" y citando a funcionarios del gobierno mexicano —¡claro! si es que estaban enterados o habían escuchado algo, que no fue el caso— publicar libremente y sin temores un reportaje que saldría tanto en *Proceso* como en *The New York Times*.

La intención era publicar antes de que oficialmente explotara una bomba noticiosa que tendría muchas repercusiones para México y los mexicanos, y algún interés político en Estados Unidos. Feuer pensaba que este caso tendría serias implicaciones para la cooperación de su país y el mío en el combate al narcotráfico, y mellaría la relación entre las presidencias y la de éstas con los Congresos federales de las dos naciones. Yo coincidía con Feuer, y consideraba además que significaría un golpe devastador para la sociedad mexicana, porque el caso del Padrino confirmaría las sospechas de que la narcocorrupción tiene raíces en el ejército, con lo cual la institución marcial sufriría un descalabro mayor en su prestigio y en la percepción de su lealtad a la patria y a los gobiernos civiles y constitucionales.

—Alan Feuer, le aclaré el nombre del colega del *Times* a la embajadora.

—Sí, él. Me dijiste: "La traen los fiscales del [Distrito Federal] Este de Nueva York". Yo me quedé con eso, era una información muy delicada que no iba a compartir con nadie, porque además es muy difícil confirmar estas cosas. Pero [...] teníamos una relación muy fluida con el Departamento de Justicia en la embajada y de repente se cortó.

Imaginen. Si para para la representante del gobierno federal de México en Estados Unidos era complicado corroborar el asunto, cuanto más difícil lo era para un par de simples reporteros.

Continuó la embajadora en la entrevista:

Los comentarios que tuvimos fueron que la Secretaría de Relaciones Exteriores, a través de [Roberto] Velasco [Álvarez, jefe de la Unidad para América del Norte de la SRE], había pedido que el Departamento de Justicia no tuviera ya contactos con la embajada. Este esquema se repitió con otros interlocutores, básicamente con todos los del diálogo empresarial y con la US Chamber of Commerce. Los amenazaban con que si seguían teniendo contactos con la embajada entonces se iba a cerrar la comunicación con Relaciones Exteriores.

¿Por qué te digo esto? Porque era muy difícil para mí, sin instrucciones y sin una comunicación con el Departamento de Justicia, saber si lo que me habías dicho tenía visos de estar fundado en la realidad o no. Yo venía a México a ver al presidente más o menos cada dos meses. [...] En una de esas ocasiones estuvimos conversando largo y tendido sobre la situación de las elecciones, etcétera, y al final de esa conversación le dije:

—Por cierto, presidente, tú sabes que yo voy a muchas comidas, cenas; me cuentan chismes, algunos resultan verídicos, otros no. Te quiero decir que un periodista [*sic*, soy tecleador] mexicano al que le tengo confianza me dijo que había una investigación de una operación que se llamaba "Padrino" y que estarían investigando al general Cienfuegos. No sé más.

Él nada más como que entrecerró los ojos y no me dijo nada más. Ahí terminó el asunto, esto habrá sido en julio o septiembre del año de las elecciones, 2020. Probablemente haya sido hasta septiembre, porque yo en julio me enfermé de covid, cuando vine a México, pero vine a la Riviera Maya.

Cuando se viene la detención del general, que fue en octubre, me avisan mis gentes del Departamento de Comunicación, me dices tú, y es cuando me hablas. También hablé con Marcela [Celorio Mancera] y vi el tuit del canciller [Ebrard]. Marcela me lo confirmó y me contó todo.

Después salió el presidente a decir que yo le había contado; obviamente yo le había comentado el rumor, pero yo no tenía mayor información más allá de lo que tú me habías dicho. Yo te creí, se lo dije al presidente: "Es una fuente creíble".

Ahora: yo no recibí jamás instrucción del presidente ni del secretario [Ebrard] de corroborar la verosimilitud de esta información.

La animadversión a la que hace referencia Bárcena Coqui entre funcionarios de la SRE como Velasco Álvarez, e incluso con el mismo canciller Ebrard, era, en esos meses previos al arresto del general Cienfuegos Zepeda, motivo de chismes, dimes y diretes en los pasillos de la sede de la diplomacia mexicana frente a la Almeda Central. Articulistas y columnistas de varios medios de comunicación nacionales citaban a fuentes anónimas, o nada más de su ronco pecho, para describir a favor de unos y otros (dependiendo de cuál fuera su frente, aunque la mayoría optó por la SRE y sus funcionarios) pormenores del desencuentro con la embajadora en Estados Unidos.

Lo que sí estaba claro es que la probada eficacia y sabiduría en la diplomacia mexicana e internacional de Bárcena Coqui incomodaba a muchos en nuestra capital. Incluso algunos de los informadores que escriben por encargo y a destajo afilaban sus especulaciones tendenciosas diciendo que los días de Bárcena Coqui en Washington estaban contados. Se llegó a señalar en algunas de esas columnas y artículos de opinión que el bombardeo a la embajadora era autorizado por el mismísimo presidente López Obrador.

—Embajadora, ¿recuerdas que te comenté que lo de la investigación al general Cienfuegos Zepeda se lo había dicho también al fiscal [Alejandro] Gertz Manero? —le pregunto a la diplomática mexicana.

—Me acuerdo de que me habías dicho que se lo comentaste a Gertz Manero y a Ebrard.

—A los dos, efectivamente. ¿Ya después nunca te comentó nada en persona el presidente López Obrador?

—Volvimos a hablar del tema cuando ganó Biden y que estábamos hablando del futuro de las relaciones México-Estados Unidos. Él me dijo que creía que la orden de detención de Cienfuegos había venido de Biden. Le pregunté: "Pero ¿quién te dijo semejantes locuras?". Biden no tenía posibilidad de controlar el Departamento de Justicia [en ese momento, cuando Trump era el presidente]. A ver, aquí estaban involucradas dos oficinas, la DEA y la de los fiscales del Distrito Este, ambas oficinas dependen del procurador general y ese procurador se llama William Barr. Es el protector de [Christopher] Landau [embajador de Estados Unidos en México en ese entonces] y es el interlocutor de Ebrard en el Grupo de Alto Nivel de Seguridad. El señor Barr vino a México cuando menos en dos ocasiones conociendo la orden de detención contra Cienfuegos y no les dijo nada. Así que, si quieres identificar a un responsable en Estados Unidos, se llama William Barr.

—¿Y qué respondió el presidente López Obrador?

—Nada, él normalmente me escuchaba y se quedaba callado.

—¿Crees que alguien le hizo ruido con lo de Biden?

—Por supuesto, no sé quién, pero creo que es parte de esta mentalidad de que los demócratas son intervencionistas y que siempre nos ha ido bien con los republicanos, que eran las cosas que enseñaba Lorenzo Meyer en El Colegio de México. La verdad es que no tengo idea de quién le pudo haber metido esas concepciones en la cabeza.

La recreación que hace la embajadora de su conversación con AMLO es importante. Primero, para entender el contexto genuino de la primera reacción del presidente mexicano un día después del arresto en Los Ángeles de Cienfuegos Zepeda. El presidente admitió que estaba enterado porque la embajadora se lo dijo. Pero no hizo nada al respecto, porque es posible que no creyera ni confiara en la palabra de su emisaria diplomática ante el gobierno de su amigo Donald Trump.

Tal vez AMLO dudó que un reportero mexicano en Washington estuviera al tanto de algo tan complicado y delicado para la seguridad nacional mexicana. Del presidente sabemos todos que un día sí y otro también, durante su conferencia de prensa mañanera en Palacio Nacional, dedica demasiado tiempo a tildar de conservadores y vendidos a los periodistas que no se han comprometido con su gobierno y su ideología. Para él la independencia y objetividad de un reportero son motivo de sospecha y desconfianza. El posicionamiento neutral de un reportero, cuando tiene puesto el overol de informador para exigir la rendición de cuentas al pueblo por parte de un gobernante, en el léxico del presidente López Obrador, su ideología y en lo que él pregona sobre el papel de la prensa en nuestro país simplemente no existe.

Cabe también la probabilidad de que AMLO se afligiera y molestara porque Barr no le dijera que la DEA y los fiscales tenían en sus manos la acusación de narcotráfico y lavado de dinero contra Cienfuegos Zepeda en ninguna de las dos visitas que le hizo a Palacio Nacional, en diciembre de 2019 y principios de 2020. Eso entre amigos no se vale.

Otro detalle que espero se aclare más adelante en este trabajo y con los testimonios recopilados, es el hecho de que en su primera reacción AMLO se mostrara hasta un poco contento de que hubiesen detenido en Estados Unidos a Cienfuegos. Eso, como lo señaló el presidente, era evidencia de la narcocorrupción en el sexenio de Peña Nieto.

¿Qué fue lo que hizo cambiar de posición a López Obrador durante los días que Cienfuegos Zepeda estuvo tras las rejas en Los Ángeles y luego en Nueva York? La respuesta puede estar dentro de su estrategia de militarizar a casi todas las entidades del gobierno federal.

El militarismo en México, palpable en los mandos de la Guardia Nacional, lo describe el mismo Barr en su libro al manifestar que López Obrador desplegó a militares a lo largo de las fronteras sur y norte de México para contener el flujo de migrantes centroamericanos que buscaban llegar a Estados Unidos, clara respuesta a las presiones de Trump.

A la embajadora Bárcena Coqui la cuestioné sobre si el bloqueo perpetrado por Velasco Álvarez y otros funcionarios de la SRE siguió afectando la relación de la embajada mexicana con el Departamento de Justicia, incluso después de que Cienfuegos Zepeda fuera repatriado a México.

—Yo hablé [en 2020] con el Departamento de Estado, con Mike Kozak [subsecretario interino para Asuntos del Hemisferio Occidental], informalmente. Él me dijo que no estaba en posibilidades de decirme nada. Después, informalmente me dijeron que el Departamento de Estado nunca supo de esto. Se enteraron de la detención el día de la detención. Chequé con mis fuentes, con los agregados militares y navales [en la embajada]: Defensa tampoco sabía nada y así lo declararon. Yo creo que lo que pasó ahí es que fallaron los canales de comunicación institucional dentro del gobierno de Estados Unidos, porque éste era un tema que se debió haber llevado al Consejo de Seguridad Nacional de la Casa Blanca.

Durante la presidencia de Trump, la estructura tradicional del gobierno federal de Estados Unidos se resquebrajó. Trump concentraba todo el poder. Algunos integrantes de su gabinete de seguridad, como los secretarios de Estado, Justicia y Defensa, fueron en varias ocasiones desacreditados y desautorizados por su jefe, tanto en actos públicos como en privado. A Trump lo obsesionaba, desde entonces y hasta hoy, ser el centro de un poder estilo imperial. Recuerden que incluso el exmandatario se acredita el desarrollo de la vacuna contra el covid-19.

El manejo de la relación bilateral con México se la encargó Trump a su yerno Jared Kushner, un millonario sin experiencia gubernamental y menos diplomática, a quien los profesionales de las relaciones exteriores y de la política mexicana se tuvieron que ajustar. A Christopher Landau, al que personalmente no conocía, Trump lo palomeó para ser embajador en México por recomendación de Barr, porque había que cubrir la plaza. Landau se dedicó a la frivolidad y a pasear por todo México; su número de seguidores en Twitter aumentó a raíz de la promoción turística y en español que hizo de la cultura mexicana. Pero fue un cero a la izquierda para Trump y para la SRE, así me lo planteó un alto funcionario del gobierno mexicano que lo trató mientras estuvo al frente de la embajada estadounidense en la Ciudad de México.

—¿Los agregados militares en la embajada te hicieron algún comentario después de que fuera detenido el general? —insisto a la embajadora Bárcena Coqui.

—Lo que sí te puedo decir es que el análisis legal del caso y la estrategia de cómo deberíamos conducirnos con la DEA en materia de seguridad salió de la embajada. Yo tengo ese documento, es confidencial, nada más le llegó al presidente. La SRE después recibió una copia. El presidente me lo agradeció mucho porque era un documento elaborado perfectamente.

Bárcena Coqui sostiene que cuando ella habló con López Obrador, luego del arresto de Cienfuegos Zepeda, no percibió ese atisbo de entusiasmo con tintes de cierta alegría que se pudo percibir en la primera reacción del gobierno de México tras el incidente en Los Ángeles:

—Conmigo nunca fue positiva [su postura]. Yo diría que nunca cambió, yo diría que matizó. […] Creo que ese documento que yo le mandé fue una de las razones por las cuales matizó. Aparte empezaron a salir una serie de ataques de periodistas vinculados a las fuerzas armadas en mi contra.

—¿En México?

—Sí, diciendo que cómo era posible que yo no le hubiera avisado al ejército que había esto (como el presidente había dicho que yo le había informado), y que hubiera puesto en peligro a Cienfuegos Zepeda. Ese documento […] también se lo entregué a los agregados militar y naval. Les dije: "Háganme el favor de hacerle llegar eso a sus jefes". Yo no sé si Cienfuegos Zepeda es culpable o inocente, y creo que se debió haber llevado a cabo una investigación en México. Lo que sí sé es que falló toda la confianza que debería existir al más alto nivel entre las autoridades mexicanas y estadounidenses. Ésa era la base del documento que le mandé al presidente: que se había roto la confianza y que, para restaurar la confianza, primero teníamos que meter en orden a la DEA. Ahora, yo nunca planteé las modificaciones a la Ley de Seguridad Nacional. El documento que hizo la embajada era un análisis muy preciso del proceso legal y en qué estado estaba el general Cienfuegos Zepeda.

A la embajadora se le hace referencia a la carta que Ebrard y Durazo enviaron a Barr y que cito en el capítulo anterior:

—Ésa no se recibió en la embajada, cosa que no me extraña, porque habrá sido la embajada de Estados Unidos en México el intermediario, pues Landau era gente de Barr. La verdad es que al darle a los agregados militares el documento, yo me estaba protegiendo; porque sí estaba preocupante la situación, porque el presidente me arriesgó —tajante suelta la embajadora mexicana.

—¿Cómo y cuál fue la reacción de los agregados militares en la embajada cuando se enteraron del arresto de Cienfuegos Zepeda?

—Estábamos ya en medio del covid, el agregado militar acababa de llegar hacía 15 días y estaba saliendo del periodo de cuarentena. El agregado naval era muy prudente; obviamente para el agregado militar esto fue una bomba, imagínate: recién llegado y te toca esto. Cuando los invité a la casa [la residencia diplomática de México en Washington]. Yo no les pedí nada, porque yo ya no quería profundizar más y esto lo iban a llevar en México. Perdóname que sea tan franca, pero creo que ni Ebrard ni Gertz Manero te creyeron, y creo que a mí el presidente tampoco me creyó. El presidente y Ebrard son muy misóginos, no les creen a las mujeres. ¿Cómo ante ellos, que son genios de la política, iba a resultar que esta mujer embajadora tuviera mayores contactos y mejor capacidad de análisis? [...]. De veras, yo creo que eso es lo mismo que pasó con el resultado de las elecciones. Ebrard no creía que fuera a ganar Biden, y como iba a estar reñido, simplemente no lo creyeron. Cuando ambos [AMLO y Ebrard] se dieron cuenta de que lo que yo decía era cierto, que tenía fuentes de acceso en Estados Unidos y que los americanos me tenían confianza, yo creo que les dio medio pánico a los dos. La detención los tomó por sorpresa. Como no me habían creído, no se la esperaban.

Quien fuera la primera representante del gobierno de López Obrador ante el de Estados Unidos recrea en la entrevista la versión de cómo el Departamento de Justicia envió a México el expediente de Cienfuegos Zepeda recopilado por la DEA:

Según esto [las pruebas] las hicieron llegar a través de Relaciones Exteriores en México y a través de la embajada, y también a través de la Fiscalía General. A mí la gente del archivo de la embajada me dijo:

—Embajadora, se está pidiendo mandar esto, un paquete por valija diplomática a la Fiscalía General.

—¿Un paquete de qué? Llame a su jefe.

[El jefe del archivo de la embajada en Washington explicó a la embajadora de qué se trataba lo que se enviaría a la Fiscalía General de la República por medio de la valija diplomática.]

—Es que nosotros siempre pedimos enviar por valija —agregó el jefe del archivo de la sede diplomática.

—No —dije— *ni maiz palomas*, aquí nadie de ninguna oficina manda nada por valija sin mi autorización. ¿Qué es lo que estás enviando?

—El paquete de información sobre Cienfuegos Zepeda.

Antes de que se enviara, no lo leí completo, sólo una parte. No podíamos fotocopiar todo, era una locura, pero sí le pedí a alguna gente de mi equipo que le echara un ojo rapidísimo para ver qué es lo que había. Y sí estaba muy débil esa parte y estaba lleno de tachaduras. [...] Como eso coincide con la manera en que actuaron con otros foros, que eso sí lo tengo súper comprobado, porque me lo dijeron los propios que recibieron la presión, entonces yo ya no hablé con el Departamento de Justicia. Sí hablé con el Departamento de Estado y traté de abordar el tema con Jared Kushner, [con quien] siempre hemos tenido una comunicación muy fluida, pero en eso no me quiso contestar; con lo cual entendí que también para ellos era un sapo muy difícil de tragar. Luego cotejé con otras gentes a través del Departamento de Defensa y ellos tampoco supieron, no fueron advertidos.

8

La DEA lo hizo para intimidar al ejército mexicano

El desconcierto por la sorpresa que generó entre los funcionarios del gobierno de López Obrador la captura del general Cienfuegos Zepeda se fue diluyendo conforme comenzó el contacto y el intercambio de información con el de Donald Trump. William Barr le aseguró al gobierno de AMLO que él no sabía nada ni se enteró con anticipación de lo que la DEA le había preparado por años al general Cienfuegos Zepeda.

En un año de elecciones presidenciales en Estados Unidos, y con los antecedentes de mentiras, burlas, calificativos admonitorios y condescendencia con la que el gobierno de Trump trató al de México, en el gabinete presidencial de AMLO había algunos personajes que dudaban de la palabra de Barr.

Internamente las presiones aumentaron para que, tras la primera reacción del presidente de México a la captura del exsecretario de la Defensa Nacional, se hiciera todo lo posible y necesario para rescatarlo; había que urdir un plan de contraataque. No se podía permitir que la DEA se saliera con la suya. Estaba claro que en sexenios anteriores esa dependencia estadounidense se acostumbró a hacer lo que se le viniera en gana en México, pero con el de López Obrador no lo lograría.

Ya estaba en ciernes el cambio. Con la nueva Ley de Seguridad Nacional el gobierno de AMLO le iba a cerrar todas las puertas y ventanas a la DEA, y si no estaban de acuerdo sus 54 agentes, tenían solamente una opción: lo tomaban o lo tomaban.

Para el gobierno mexicano estaba claro que la coartada de la DEA ante su rotundo fracaso en la guerra contra los cárteles del narcotráfico era la de siempre: culpar a nuestros connacionales por el trasiego rumbo al norte de todo tipo de enervantes, sin tomar en cuenta la incontrolable adicción de millones de estadounidenses, quienes con sus dólares hacen posible el empoderamiento de leyendas del mal y de la muerte como Joaquín *El Chapo* Guzmán Loera, el colombiano Pablo Escobar Gaviria, Ismael *El Mayo* Zambada García y Rafael Caro Quintero, entre muchos otros capos del crimen organizado internacional.

No había duda: con el paso de los días estaba claro que lo que quiso hacer la DEA fue intimidar al ejército de México, y eso no lo iba a permitir López Obrador. Las mentiras de Barr se podían tolerar; lo de la DEA, no.

Miguel de la Madrid Hurtado permitió a los agentes de la DEA sentirse como reyes en México tras el asesinato en 1985 del agente estadounidense Enrique *Kiki* Camarena. Por intereses de economía, comerciales y personales lo toleró Carlos Salinas de Gortari. Lo mismo hizo Ernesto Zedillo. Con Vicente Fox los agentes extranjeros ni permiso pidieron y se perpetuaron en ese papel con mayor descaro, y lo mismo ocurrió durante la presidencia de Felipe Calderón, a quien la DEA trató como a un empleado. Con Enrique Peña Nieto hubo tiento al principio y luego el exmandatario se doblegó ante la agencia; se le fugó El Chapo Guzmán y se vio en un callejón sin salida por la corrupción imperante heredada y la que llegó con su gobierno.

Esto lo tenía claro López Obrador, y el arresto de Cienfuegos Zepeda coadyuvó para sepultar ese legado de injerencia criminal y corrupta que la DEA siembra regularmente a su paso por el extranjero. La agencia puede refundir en la cárcel o perdonarle sus delitos y pecados a exfuncionarios mexicanos de la calaña de Genaro García Luna. Ésa es la conclusión a la que llegan la mayoría de los mexicanos a causa de las décadas de corrupción y abuso de poder tan cínico. Y no es que entre la sociedad civil mexicana a los altos mandos de las fuerzas armadas se les coloque en una vitrina o se les vea como a un modelo humano, objeto de emulación. Los abusos a los derechos humanos y otros crímenes de lesa humanidad que los militares han cometido desde la época de la Revolución, para no ir más atrás en la historia, son una herida que sangra y no se cierra con perdones, menos con monumentos o tributos con los que se les pretende exonerar para victimizarlos también junto a los mexicanos a quienes asesinaron, torturaron o desaparecieron.

La militarización en la presidencia de López Obrador tal vez condone esa contradicción, pero, en la práctica y para sus fines políticos, esa doctrina se encamina hacia una falacia.

Las presiones que ejercieron los generales se impusieron sobre su comandante supremo y no dejaron opción: se tenía que lograr, costara lo que costara, la liberación de Cienfuegos Zepeda.

Son clave para llegar al desenlace de este embrollo internacional los testimonios de los cinco personajes entrevistados en los que se sostiene la narrativa de este trabajo.

—¿Le comunicó a alguien en el gobierno del presidente López Obrador que la DEA estaba investigando al general Cienfuegos Zepeda? —le pregunté en abril de 2022 a Marcelo Ebrard, secretario de Relaciones Exteriores del gobierno de AMLO.

—Tú me avisaste que lo estaban investigando. Yo lo que hice en ese momento fue tratar de confirmar la información. No le notifique a nadie porque no tenía confirmación. Me comentaste que estaba probablemente sujeto a investigación, y lo que hice fue tratar de averiguar por todas las vías a mi alcance si había alguna confirmación por parte de Estados Unidos. No la hubo.

Nunca me notificaron ni nos informaron que el general Cienfuegos estaba sujeto a dicha investigación. Por eso no le informé a nadie en el gobierno de México.

—¿Qué instancias no le confirmaron y a cuáles consultó?

—Ninguna directamente en Estados Unidos [lo confirmó. Consulté al] Departamento de Estado y al de Justicia, pero a través de la embajada de Estados Unidos aquí en México. Nadie tenía ese dato en México. Como no lo pude confirmar ya no se lo transmití a nadie. La búsqueda fue informal, es decir: no fue por medio de una nota diplomática. Fueron consultas con contrapartes del gobierno de Estados Unidos. Tampoco recibimos ningún tipo de información; no se confirmó o se informó que iban a actuar en contra de Cienfuegos. Fue totalmente sorpresivo.

En mi conversación telefónica de 2020, antes del arresto del Padrino en Los Ángeles, solicité al secretario de Relaciones Exteriores que por favor intentara hablar del asunto con el fiscal general Alejandro Gertz Manero. Le comenté que yo ya le había pasado el dato al titular de la FGR de lo que me había enterado. Lo hice porque mi instinto reporteril prendió las luces de alerta desde mi primera llamada telefónica con el fiscal mexicano. Lo noté preocupado, sí, aunque también presentí que dudaba de lo que le dije. Aunque también es posible que Gertz Manero, como otros tantos funcionarios federales de México, fuera tan inocente como para desestimar que la DEA se atreviera a ensuciar la reputación de un general del ejército mexicano.

Ebrard no habló con Gertz Manero. "No, por la razón de que no pude confirmar nada por parte de las autoridades de Estados Unidos", admite el encargado de las relaciones internacionales del país.

El diálogo con el canciller se centra ahora en lo que ocurrió y se habló inmediatamente después de que fuera detenido Cienfuegos Zepeda.

—Nos enteramos por vía diplomática. La que me llamó a mí fue la cónsul en Los Ángeles, California [Marcela Celorio Mancera], porque ya se había dado a conocer en ese momento alguna información que a ella le llegó y lo confirmó. Me dijo: "Parece que sí". Ella fue la que nos notificó que el arresto había ocurrido.

—¿Habló con el presidente López Obrador?

—Sí. Le comuniqué y me pidió que consiguiera la información correspondiente de por qué se le detuvo y bajo qué cargos o acusaciones.

—¿Con quién o quiénes se comunicó?

—Ese día tuve varias conversaciones con la embajada [estadounidense], hablé al Departamento de Estado y al de Justicia, y solicité una llamada con William Barr para consultarle. Porque no sabíamos qué era exactamente lo que estaba pasando, pese a todos los esfuerzos de cooperación.

—¿Esa llamada con Barr fue el mismo día que detuvieron al general Cienfuegos Zepeda o al día siguiente?

—La conversación fue al día siguiente.

Cuando surgió la idea de elaborar este libro, y luego, admito, de una más de mis frustraciones por no haber podido publicar con anticipación lo que ocurrió con Cienfuegos Zepeda, me propuse averiguar qué fue exactamente lo que ocurrió detrás del escenario en el gobierno mexicano. No me cuadraba en la lógica política el cambio de parecer ni de posición que López Obrador mostró conforme pasaron las horas tras lo ocurrido en Los Ángeles y, tomando en cuenta lo que declaró con tanto arrojo y énfasis el viernes 16 de octubre de 2020 durante su conferencia de prensa mañanera.

Acostumbrado a dudar y a pensar mal de los gobernantes, tenía el presentimiento de que hubo una negociación oscura, una de ésas que solamente con el paso de los años se llega a trasminar en un reportaje de investigación periodística, y esto sólo porque algún protagonista de los hechos se cansa de mantener el secreto o padece remordimientos.

Sin rodeos le pregunté al canciller Ebrard si él conocía los motivos que hicieron recular a López Obrador con respecto a su primera reacción cuando habló de que a Cienfuegos Zepeda se le procesaría en Estados Unidos si era responsable.

—Ésa fue su primera reacción, aunque al día siguiente él sabía que íbamos a recibir detalles de la acusación. El día que reaccionó durante la mañanera no teníamos claro cuáles eran los cargos que le imputaba la DEA al general. Entonces, su primera reacción fue de prudencia para saber de qué se trataba y cuáles serían las consecuencias.

—¿Qué le comunicó el procurador general de Justicia de Estados Unidos?

—Barr me dijo que él no estaba enterado, que previamente no tenía información. Yo tenía una buena relación con él aun cuando teníamos diferencias por la forma de ver los problemas de la relación bilateral; la colaboración con la DEA, migración, etcétera. En lo que me insistió fue en que a él no le habían dado información sobre esa investigación de la DEA y que iba a tratar de conseguir detalles. Yo le dije que eso era muy importante y que el caso podría afectar el futuro de la relación y cooperación que estábamos tratando de establecer entre los dos países. ¿Por qué?, porque entre aliados en esta lucha contra el narcotráfico y el crimen organizado no se podía ocultar la información de una detención de ese nivel sin avisar absolutamente nada previamente a México. Le insistí en que eso no se hace ni ocurre entre aliados en luchas de interés común. Él me contestó que lo iba a investigar. También le pedí que nos esclareciera los cargos y detalles al respecto. Me pidió que le diera oportunidad de revisar el encausamiento y que después de que le entregaran el expediente volveríamos a hablar.

—Antes de que detuvieran al general Cienfuegos Zepeda, en el gobierno mexicano ya estaban revisando la cooperación antinarcóticos con Estados Unidos. ¿Ese incidente en Los Ángeles fue el que los llevó a determinar el desmantelamiento de la relación con la DEA?

—Cuando entró el gobierno del presidente López Obrador se planteó que la Iniciativa Mérida no era más que un rotundo fracaso. Que por esa Iniciativa se había comprometido a la soberanía de México, con operaciones como "Rápido y furioso". Y que era también responsabilidad de la Iniciativa el consumo de drogas y la violencia que se había extendido en México, que era exactamente la versión opuesta a lo que había dicho la DEA que se lograría. Se decidió cambiar a la Iniciativa Mérida por otro tipo de acercamiento y de cooperación, con otra estrategia y con otros principios. [...] El gobierno de México le planteó [a Barr] que estábamos de acuerdo en cooperar, pero siempre y cuando se atendieran nuestras prioridades con respeto a nuestras leyes y soberanía. Estábamos trabajando en eso cuando vino lo de Cienfuegos.

—Obviamente en el gobierno del presidente López Obrador no había confianza en la DEA...

—No, la DEA tiene muchos problemas en México, porque no es la primera vez que pasa algo así con una detención. Recordarás lo que pasó con el caso de Enrique Álvarez Machain [el médico acusado de mantener vivo a *Kiki* Camarena mientras lo torturaban sus captores en Guadalajara, Jalisco, en 1985], un mexicano que fue secuestrado por la DEA en territorio mexicano, y otros casos que han provocado diferencias diplomáticas. Yo considero que el caso del general Cienfuegos probablemente haya sido la diferencia diplomática y el problema más grave en la relación bilateral, provocado por la DEA.

—¿Ya se traía en la mira cambiar la relación de cooperación con la DEA por el antecedente del caso García Luna, que me parece es ejemplo sólido de las lisonjas y traiciones de sus agentes en México?

—Absolutamente, porque además estaba comprobado que los grandes actores de la Iniciativa Mérida, García Luna e Iván Reyes Arzate, estaban vinculados a procesos criminales en Estados Unidos, y justamente esos procesos judiciales fueron elaborados por la DEA en contra de los principales operadores de la cooperación antinarcóticos de México, en la presidencia de Felipe Calderón.

—Esto que usted menciona, los casos de García Luna y Reyes Arzate, ¿no le parece que es una hipocresía de la DEA o evidencia de la narcocorrupción por parte de los agentes de Estados Unidos?

—No puedo decir que sea narcocorrupción. Lo que sí me parece es que la actuación de la DEA en México no ha sido de confianza ni específica. ¿Por qué razón? Porque la DEA siempre dice que en el problema del narcotráfico la culpa es de México, y lo hace porque para ellos es la coartada más fácil. ¿Qué pasó en Estados Unidos en los últimos 20 años? Hubo un cambio, una migración de drogas como heroína o cocaína hacia las metanfetaminas, después hacia el fentanilo y opiáceos que provienen de la industria farmacéutica de ese país. El famoso OxyContin y otra serie de medicamentos que se vendían en Estados Unidos. Crearon una pandemia. Luego la prohíben, pero sigue la pandemia. Cambiaron las sustancias, pero sigue creciendo el consumo; más de 120 mil personas al año mueren por sobredosis, probablemente van a llegar a 150 mil, es decir, 294 por cada 24 horas. Cuando la ciudadanía y los legisladores le preguntan a la DEA por qué no controla esto, por qué es tan fácil que se consuma todo ese tipo de sustancias, entonces siempre el argumento es que México deja [hacer] a sus cárteles y que todo es culpa de México. Este argumento histórico es el argumento de la DEA.

—¿Hipocresía o dos caras de esta dependencia estadounidense?

—Yo diría que es una especie de doble juego, es decir, si no me das lo que necesito ya no me funcionas. Criterio de oportunidad.

—¿Alguien del gobierno del presidente López Obrador se comunicó con la DEA por lo del general?

—Yo no hablé con la DEA porque no tengo relación directa con esa agencia. Yo lo que hice fue buscar a mis contactos de alto nivel: embajada y Departamento de Estado. Esto lo pregunté aquí en México. Les pedí que me proporcionaran datos, pregunté si sabían cómo estaba la situación del general. Me dijeron que no tenían información, nada más.

Es obvio, en esta última respuesta del canciller, que en los niveles más altos del gobierno de México ni siquiera pierden el tiempo hablando con simples agentes federales estadounidenses.

La DEA se ganó a pulso el desdén y desprecio del gobierno de México al abusar de su influencia por medio de manipulaciones y corruptelas. Hablo particularmente sobre lo ocurrido durante el mandato de Calderón. En ese sexenio, los agentes estaban metidos hasta el fondo de la desaparecida Procuraduría General de la República cuando la dirigió Marisela Morales, a la que Enrique Peña Nieto de manera inexplicable envió como cónsul de México a Milán, Italia. Con Morales en la PGR, según me contaron varios de sus colaboradores personales, los agentes de la DEA tuvieron acceso privilegiado a las averiguaciones previas de casos que les interesaban. Tenían en sus manos los expedientes antes de los ministerios públicos u otros funcionarios mexicanos, todo con la venia de la procuradora.

Me consta que algunos de esos agentes de la DEA que estuvieron en México durante el sexenio de Calderón, y que ya están o jubilados o asignados a otra nación, se mofaban de eso que decían los funcionarios que los veían con malos ojos y con mirada de sospecha, "que con Morales en la PGR estaban metidos hasta en la cama". Nunca, porque los temas de privacidad no encajan en mi interés reporteril, quise indagar sobre este dicho; lo que sí recuerdo perfectamente es que uno de esos agentes de la DEA, con quien platiqué en Ciudad Juárez, Chihuahua, cuando Morales reinaba en la PGR, me aseguró que uno de sus colegas en la Ciudad de México fue amonestado por sus jefes en Washington y transferido a otro lugar porque "eso de lo de metidos hasta en la cama con la PGR se lo tomó muy en serio y tuvo que salir corriendo y escurrido". No pregunté más.

En la entrevista con el canciller Ebrard se percibe cierta repulsión a la DEA, y no es para menos. Por ley los 54 agentes de la DEA no deben portar armas dentro del territorio mexicano, pero las portan. No deben participar en operaciones antinarcóticos ni arrestar a personas, menos a ciudadanos mexicanos, y todo esto también lo llevaron a cabo. El 22 de febrero de 2014, Víctor Vázquez, entonces agente asignado a México, capturó junto con otros de sus colegas de la CIA y de los U. S. Marshals a Joaquín *El Chapo* Guzmán Loera en Mazatlán, Sinaloa. El mismo Vázquez me mostró videos y fotografías de la captura que tenía almacenados en la memoria de su teléfono celular personal. En esa reunión que tuve con Vázquez en la oficina de la DEA en Tucson, Arizona, él me hizo hincapié en que para la operación de arresto del Chapo todos los agentes estadounidenses se vistieron con el uniforme de la Marina y Armada de México, lo cual se demostraba en las evidencias que me presentó y que estaban resguardadas en su celular personal.

En 12 de julio de 2015, horas después de que, en una motocicleta montada sobre unos rieles a lo largo de un túnel de 1.5 kilómetros de largo, El Chapo se fugara de la cárcel de alta seguridad del Altiplano en Almoloya de Juárez, Estado de México, Vázquez muy indignado se comunicó conmigo para pedirme que publicara la información sobre cómo fue que la DEA, y no los marinos mexicanos, capturó a quien fuera uno de los principales dirigentes del Cártel de Sinaloa. Cuando mi reportaje salió publicado en *Proceso*, el gobierno de Peña Nieto y directamente Miguel Ángel Osorio Chong, secretario de Gobernación, descalificaron mi trabajo argumentando que no era cierto que hubiesen sido los agentes de la DEA, la CIA y los U. S. Marshals quienes capturaran al capo sinaloense, y mucho menos que se hubieran puesto el uniforme de la Marina para llevar a cabo el operativo.

El tiempo es sabio y con su paso se pueden corroborar eventos e historias que en su momento fueron desmentidas por funcionarios o entidades gubernamentales. Ése es justo uno de los puntos clave en este trabajo, que los lectores podrán entender para luego elaborar sus conclusiones.

El jueves 17 de enero de 2019, durante la celebración de una de las audiencias del juicio contra Guzmán Loera, se presentó justamente el agente Vázquez en la sala del juez Brian Cogan, en la Corte Federal del Distrito Este en Brooklyn, Nueva York. El agente de la DEA fungía como testigo de los fiscales federales para incriminar al Chapo de los delitos de narcotráfico que le imputaban.

Durante esa audiencia, con aires de arrogancia que no pudo ocultar hasta que fue cuestionado por la defensa del acusado, Vázquez presentó como sustento de su testimonio fotografías y videos de cómo se llevó a cabo la búsqueda y captura en Mazatlán.

Lo más notable de las evidencias fue ratificar que en éstas el agente no solamente apareció vestido con el uniforme de la Marina sino dirigiendo el operativo y armado hasta los dientes, con rifle de alto poder, una pistola de uso exclusivo del ejército de México y hasta un cuchillo como los que se ven en las películas de Rambo.

Cómo me hubiese gustado que Osorio Chong fuera uno de los presentes ese día en la corte para reírme en su cara del desmentido que hizo de mi reportaje en *Proceso*.

En febrero de 2019, cuando ya el juicio contra el Chapo había concluido, entrevisté también en Brooklyn a la esposa del capo, Emma Coronel Aispuro, como complemento de mi libro *El juicio. Crónica de la caída del Chapo*. En el encuentro, además de reiterar la presencia de los agentes extranjeros durante la captura de su marido en Mazatlán, Emma agregó otro dato importante que ilustra aún más las violaciones constitucionales de México a las que se acostumbraron los agentes de la DEA: Vázquez, sostiene Emma, intentó golpearla una vez que el Chapo se rindió, pero en defensa de la esposa del capo se interpusieron al agente gringo auténticos marinos mexicanos.

La mañana del 15 de julio de 2022, elementos de un grupo de las fuerzas especiales de la Marina y Armada de México capturaron en las faldas de la sierra de Sinaloa a Rafael Caro Quintero, el narcotraficante más buscado por la DEA, acusado de ser uno de los autores intelectuales del secuestro, tortura y asesinato del agente Camarena en 1985. Ese operativo se llevó a cabo con información de inteligencia que proporcionó la DEA a la Marina respecto a la ubicación y localización del legendario capo, por quien en Estados Unidos se ofrecían 20 millones de dólares de recompensa. En 13 ocasiones anteriores a ese arresto, la DEA, como lo publiqué en *Proceso* el 16 de julio de 2022, había dado a los marinos mexicanos la información del lugar preciso en el que se escondía Caro Quintero. Pero los marinos mexicanos no lo hicieron. Fue hasta la décimo cuarta ocasión cuando le echaron el guante a Caro Quintero, en sus tiempos, a sus modos y sin avisarles a los agentes de la DEA.

Esto fue un mensaje directo del gobierno de López Obrador a la DEA en México y a sus oficinas centrales en Washington: los que mandan en el país son los mexicanos.

En la entrevista le pregunto al canciller Ebrard si a él lo buscaron generales del ejército para hablar sobre la detención en Los Ángeles.

—Conmigo no hablaron —dice tajante—. El presidente López Obrador me comentó que con él sí hablaron algunos. Me insistió en que lográramos lo antes posible que de Estados Unidos nos mandaran las pruebas. Se lo pedí y le insistí a Barr. El presidente me dijo que íbamos a evaluar los documentos y que, en función de las pruebas, se tomarían acciones. Porque aun si tenían evidencias muy sólidas estaría el reclamo de por qué actuaron de esa forma, el reclamo de por qué no nos informaron para nada a México, ya que se trataba del exsecretario de la Defensa. Se pidió el expediente, volví a hablar con Barr, quien me dijo: "Te voy a mandar todo el expediente, ya lo aprobó el presidente Trump, te lo voy a hacer llegar. Yo también lo voy a revisar y después hablamos". Ese expediente lo recibimos y el presidente López Obrador me pidió que lo revisara con mi equipo más cercano y que le entregáramos a él una conclusión sobre el contenido. Lo trabajamos con Roberto Velasco y el equipo más cercano que tenemos para la relación con Estados Unidos. Hicimos el estudio. Fue un fin de semana, y al final llegamos a la conclusión de que con ese expediente en México al general no se le vincularía a proceso y que tampoco se permitiría negarle la libertad a una persona con esos argumentos de la DEA.

—¿Esto ocurrió antes de que Estados Unidos entregara el expediente a la Fiscalía General de la República, cuando repatriaron al general?

—Esto fue antes. Fue un material enviado bajo el Acuerdo Jurídico con Estados Unidos para conocimiento del presidente y del gobierno. Fue enviado por el Departamento de Justicia y nosotros lo que hicimos fue, con la orden del presidente, entregarle una copia a la FGR.

—¿Qué ocurrió durante el plazo que hubo mientras estuvo detenido el general, antes de ser extraditado de California a Nueva York, cuántas consultas o conversaciones se llevaron a cabo?

—Muchas, pero lo más importante en ese momento era no perderlo de vista y garantizarle al general que viera a sus abogados, que tuviera contacto con los cónsules en California y luego en Nueva York, que tuvieran una comunicación activa. Se les dio la orden a esos cónsules de que estuvieran al tanto de lo que necesitara el general y que garantizaran su debida defensa. Ahí tenía yo dos posibilidades: una, si las pruebas no eran convincentes, exigir que lo regresaran a México y de lo contrario, que la Cancillería se hiciera cargo de su defensa. [...]

Me manda Barr las pruebas y llegamos a esa conclusión. Y me pide el presidente: "Habla otra vez con Barr y dile que esas pruebas son insostenibles. Que echen por tierra ese encausamiento y regresen al general Cienfuegos". [...] Entonces le hablé a Barr, que fue muy amable y me dijo: "Mira, Marcelo, ya vi las pruebas y no se sostienen. Ya consulté al presidente Trump y estamos dispuestos a regresarles al general Cienfuegos". Se dieron cuenta de que los elementos que tenían carecían de sustancia y que la reacción de México había sido muy superior a lo que ellos habían pensado.

—¿La conversación con Barr fue antes de que se llevara a cabo la audiencia con la jueza en Nueva York, cuando aprobó el retiro de los cargos y la repatriación del general?

—Sí, claro, fue antes, no recuerdo exactamente la fecha.

—En su libro, Barr habla de un acuerdo político y de una amenaza velada del gobierno de México a la DEA. ¿Esto fue cierto?

—Se puso a revisión todo el sistema de cooperación, incluyendo la presencia en México de los agentes de la DEA.

—¿Qué reacción tuvo Barr cuando usted le notifica lo de la amenaza de la expulsión de los 54 agentes de la DEA si no regresaban al general?

—Él dijo que estaba consciente de que era sumamente importante y delicado, que ya había visto las pruebas y que ya había él hablado con el presidente Trump y que estaban en la disposición de regresar al general Cienfuegos. […] Que no sabía por qué la DEA hizo eso. Recuerda que estaba muy cerca la elección presidencial en Estados Unidos. ¿Cuál era su objetivo?, ¿por qué actuó de esa forma la DEA? Y máxime que el propio procurador me dijo que no tenía conocimiento de esa investigación. No estaba enterado; no le pidieron permiso.

—¿Usted le creyó al procurador general de Justicia de Estados Unidos que no estaba enterado de la investigación a Cienfuegos Zepeda?

—Barr aseguró que no sabía, él me lo dijo. Yo creo que él sí sabía que había una investigación, pero no me lo dijo, eso sí creo. Pero no sabía ni había autorizado él el arresto del general ese día en Los Ángeles.

—Se lleva a cabo la audiencia en Nueva York, ustedes ya sabían que al general lo iban a repatriar y retirarle los cargos, ¿correcto?

—Sí, esto se convino ya con la participación del fiscal general de la República, Gertz Manero, en comunicación con la oficina de Barr y el Departamento de Justicia.

—¿Cómo fue la conversación telefónica de Barr y Gertz Manero?, ¿participaron otros funcionarios del gobierno de México?

—No, el presidente no participó. Me dio la indicación: "Revisa y ponte de acuerdo y con todo respeto con la FGR". Entonces entró en acción la FGR de acuerdo con la ley y realizó los procedimientos jurídicos que llevaron a la repatriación del general Cienfuegos. Yo no participé en una conversación entre Gertz Manero o la Fiscalía y Barr.

—El día de la audiencia y repatriación del general, ¿qué se habló en el gabinete de seguridad del presidente López Obrador después de que la jueza emitiera el fallo?

—Se dio a conocer la información de lo que iba a ocurrir, siguiendo las instrucciones del presidente: la repatriación de Cienfuegos, que era el objetivo a lograr.

—¿Estados Unidos cubrió los gastos de la repatriación?

—Mandaron un avión de ellos.

—¿Qué fue lo que le dijo a usted la cónsul de México en Los Ángeles del presunto maltrato al general Cienfuegos Zepeda?

—Marcela me dijo que fue una detención brutal. ¿Por qué?, ¿en qué consiste la brutalidad? Fue una detención con el uso de fuerza, delante de la familia del general. Con lujo de fuerza. No es que llegan dos personas y lo detienen, sino que haz de cuenta que se trataba de un gran capo importante. Todo el trato que le dio la DEA fue así.

—¿Lo agredieron físicamente?

—Lujo de violencia, lo aislaron, no le dejaron que se comunicara con nadie. No le avisaron al gobierno mexicano, a Marcela no la dejaban hablar con él. Hasta mucho después, costó mucho trabajo conseguir eso.

—¿Lo esposaron bruscamente?

—Sí, eso sí, delante de sus nietas y su familia. Una gente condecorada, porque pensó la DEA que México no iba a reaccionar como lo hizo.

—¿Quiénes iban con el general?

—Su esposa, sus nietas e hijas, iban con frecuencia a Estados Unidos. Nadie esperaba ese tipo de acciones en contra del general. Además, también la DEA lo hizo para intimidar al ejército mexicano, y eso no se lo vamos a permitir, jamás.

—¿Las autoridades estadounidenses les entregaron todo el expediente?

—Se lo pedí todo. Es decir, Barr compartió los elementos probatorios con toda convicción para entender lo que estaban haciendo: dinamitar la relación con México. Yo estoy seguro de que si hubieran tenido elementos distintos a los que nos entregaron para involucrar al general, lo habrían hecho. Porque de otra manera el costo fue para ellos, evidentemente.

—¿Qué les dijo el general cuando llegó a México?

—Nada más agradeció la acción tomada por la cancillería mexicana y por el presidente. Le mandó una carta al presidente. [...] El atropello que cometieron contra Cienfuegos fue el final del periodo que se inicia con Felipe Calderón y la Iniciativa Mérida, y si bien ya estaba en extinción, ésa fue la puntilla. Ahora estamos en otra etapa que apenas empieza, que es el Entendimiento Bicentenario. Pero también [se termina] la aceptación de México, explícita o implícita, a la tradicional [excusa] de la DEA, en la que esta dependencia estadounidense insiste en que toda la culpa es de México. México ya no va a tener ese rol.

—¿Habló usted con la embajadora Bárcena Coqui del caso Cienfuegos?

—Con Bárcena creo haber hablado, pero no recuerdo que haya sido especialmente decisivo o importante.

—¿Ella le comunicó a usted en algún momento, antes de la captura del general, que estaba enterada de lo que investigaba la DEA?

—Ella no me dijo que fuiste tú el que le dijo, sino que le habían dicho; ya tú me lo habías informado con anticipación. Lo que no sé es si ella lo transmitió a alguien más. Durante el proceso del general nunca hablamos, que yo recuerde. Antes de que lo detuvieran se lo dijo al presidente, a mí no. Tú me habías dicho que había una investigación en curso, que estabas investigando respecto al general. Yo nunca logré conseguir una confirmación. Claramente no era el caso, si era muy importante. Recuerdo perfectamente que también tú me dijiste que se lo informaste por teléfono al fiscal general de la República y a la embajadora Martha Bárcena, en persona, en Washington.

9

"¡A la chingada los de la DEA! Esto es una intromisión"

Tras la conferencia de prensa mañanera del 16 de octubre de 2020, casi de inmediato la oficina del presidente Andrés Manuel López Obrador se colmó de llamadas telefónicas, y empezaron a llegar oficiales ataviados con el uniforme color verde oliva. Fue esto lo que provocó el giro inesperado en la posición del titular del Poder Ejecutivo sobre el caso de la detención en Los Ángeles del general Cienfuegos Zepeda.

Un par de horas después de mi arribo el jueves 28 de abril de 2022 a la Ciudad de México, acudí a una cita al restaurante Roca, en Monte Athos, en la colonia Lomas de Chapultepec. Llegué unos 15 minutos antes de la hora convenida, como suelo hacer cuando se trata de lugares totalmente desconocidos para mí. Pasados 10 minutos de la hora acordada, llegó un exfuncionario del gobierno de López Obrador, tal vez de los asesores presidenciales con mayor conocimiento de lo acontecido en Palacio Nacional respecto al complicado asunto del Padrino.

Tras los respectivos saludos, saqué mi grabadora, libreta y lapicera.

—Sin grabadora y solamente tomando algunas notas. No me podrás citar por nombre. Es la condición que tengo para esta entrevista, por tratarse de un tema tan delicado y sensible —me acotó inmediatamente el exfuncionario mexicano. Desde que lo busqué por teléfono unas semanas antes de la cita, me había imaginado que eso iba a ocurrir. Cuando conversamos brevemente, él en la capital mexicana y yo en la estadounidense, me pidió que no mencionara muchos detalles "porque podrían estar escuchando nuestra charla".

Antes de que también me lo pidiera ese jueves de abril en el restaurante, delante de él apagué mi teléfono celular. Pensé que él haría lo mismo con los dos que llevaba, pero me equivoqué: los dejó encendidos.

Al evocar en su memoria los acontecimientos de la convulsión política generada por la detención en Estados Unidos de Cienfuegos Zepeda, lo primero que resalta el exfuncionario es el nerviosismo y preocupación de los militares que acudieron a Palacio Nacional para hablar con López Obrador, empezando por el general Luis Cresencio Sandoval González, secretario de la Defensa Nacional y reemplazo en el puesto del militar caído en desgracia en Los Ángeles.

—Varios de los altos mandos de la Sedena, acompañados del procurador de esa Secretaría y de abogados, querían una explicación sobre el hecho insólito. A todos nos tomó por sorpresa lo que pasó en Los Ángeles. La Sedena desde el primer momento asumió una posición inamovible ante el presidente: que se hiciera todo lo que fuera necesario, sin escatimar en nada, para poder regresar sano y salvo a Cienfuegos Zepeda. Así arrancó la presión militar y el jaloneo político del gobierno mexicano con Estados Unidos, hasta que se logró lo que se logró —dice el exfuncionario federal.

Durante los días 16, 17 y 18 de octubre de 2020 el acertijo a resolver entre los mandos militares mexicanos y el presidente era el contenido del encausamiento judicial que la DEA y los fiscales de Brooklyn habían elaborado en contra de Cienfuegos Zepeda. "Ésa fue la exigencia de los militares al presidente, conseguir el expediente para saber de qué acusaban al exsecretario", recuerda el exfuncionario. Bajo la presión y exigencia de la Sedena, López Obrador buscó a su secretario de Relaciones Exteriores. Ebrard había desarrollado una buena relación con varios de los integrantes del gabinete presidencial de Donald Trump, entre ellos Mike Pompeo, el entonces secretario de Estado, y por supuesto William Barr, procurador general de Justicia.

La instrucción presidencial que recibió Ebrard desde el viernes 16 de octubre fue la de comunicarse con Barr. Que averiguara todo lo posible sobre el arresto de Cienfuegos Zepeda, pero ante todo que lograra que el procurador general mandara a México lo antes posible el expediente incriminatorio contra el Padrino.

La primera comunicación telefónica con Barr, de acuerdo con la narrativa del alto exfuncionario de Palacio Nacional, no ayudó a esclarecer las dudas ni a calmar el nerviosismo y preocupación entre los mandos marciales mexicanos. El canciller regresó a la oficina presidencial para presentar el primer informe, poco alentador y limitado: Barr le aseguró al canciller que desconocía lo que tenían entre manos los fiscales del Distrito Este en Nueva York y los agentes de la DEA. Enfundándose en el disfraz de víctima, se declaró tan sorprendido por el arresto del general mexicano como los mandos de la Sedena y los integrantes del gabinete de seguridad de López Obrador. El exfuncionario cuenta que Ebrard le informó al presidente mexicano que Barr "prometió averiguar lo más que pudiera y trataría de conseguir el encausamiento".

Antes de continuar con la cronología de los hechos, el entrevistado hace una acotación. Recuerda que antes de que López Obrador se presentara ese viernes 16 de octubre ante los medios de comunicación, hubo una reunión del gabinete de seguridad en la que el ambiente entre los asistentes se percibía "más o menos de tranquilidad" por lo que le había pasado a Cienfuegos Zepeda. La excepción fueron Sandoval González y el almirante José Rafael Ojeda Durán, titular de Semar, quienes desde esa reunión solicitaron acciones y respuestas para proteger de la justicia estadounidense a uno de los suyos.

Transcurrió el fin de semana sin que de Washington se recibieran noticias que calmasen las aguas entre la élite bélica. Llegó el lunes 19 de octubre y con ello más visitas personales —pese a la pandemia— de militares a Palacio Nacional, y el desfile de otros personajes relevantes de la sociedad de México. Las conexiones, alianzas e influencias de la Sedena rebasan lo que puede imaginar cualquier ciudadano mexicano de a pie.

Sin tapujos, el alto exintegrante del círculo cercano de asesores de López Obrador revela que, además de los militares, también expolíticos y empresarios importantísimos e influyentes (por los montos de sus fortunas e inversiones en el país) salieron a abogar en la defensa del general Cienfuegos Zepeda. Uno de ellos fue Alberto Baillères González (fallecido el miércoles 2 de febrero de 2022), presidente del Grupo Bal, conglomerado de empresas que incluía a El Palacio de Hierro.

—Se ofreció a cubrir los gastos de los abogados en Estados Unidos para que defendieran al general, pero no fue el único; hubo otros empresarios más —cuenta el entrevistado, sin dar la identidad de los magnates del dinero que se asumían Ángeles de la Guarda del Padrino—. Desde el primer momento el general secretario [Sandoval González] dejó en claro ante el presidente que Cienfuegos Zepeda era un hombre honesto y decente.

Ese primer lunes, tras el arresto de Cienfuegos Zepeda, empezaba a ventilarse el cambio en la posición original de López Obrador.

—No, no existe ninguna investigación aquí —respondió tajante el presidente a la pregunta que le formularon reporteros en la mañanera de ese lunes sobre si su gobierno tenía algo en contra del exjefe de la Sedena—. También es importante volver a decir que, aun en el supuesto de que resultara responsable el general Cienfuegos, no debe culparse a todas las fuerzas armadas y tenemos que cuidar a una institución tan importante como la Secretaría de la Defensa Nacional.

Mientras transcurrían los tiempos judiciales en Estados Unidos en torno al detenido, los militares y los jefes de la Sedena y Semar no cejaban en pedir a López Obrador que hiciera algo urgente. Al final de cuentas, Cienfuegos Zepeda era también uno de los suyos, por ser el presidente el jefe supremo de las fuerzas armadas mexicanas.

Esa semana del 19 de octubre "se tomó la determinación, por presión de los mandos castrenses al presidente, que el gobierno de México no iba permitir que el general Cienfuegos Zepeda fuera enjuiciado, procesado y sentenciado a prisión", establece el exfuncionario federal.

En paralelo a las visitas de militares a Palacio Nacional, llamadas telefónicas para saber qué había de nuevo y los cuestionamientos de empresarios y de integrantes de otros sectores del gobierno federal, Ebrard se mantenía en constante comunicación con el procurador Barr. También por órdenes de López Obrador, la asesoría jurídica de Presidencia se había comunicado con el fiscal general, Alejandro Gertz Manero, para saber si él, al mantener una relación de iguales con Barr y el Departamento de Justicia, estuvo enterado de que había un expediente criminal contra el general antes de que lo detuvieran y, en tal caso, si conocía el contenido del encausamiento.

A través de los oficios del entonces asesor jurídico de la presidencia, Julio Scherer Ibarra, de acuerdo con el recuento del entrevistado, se informó a López Obrador que ni Gertz Manero ni la Fiscalía General de la República sabían algo de los asuntos en cuestión. A López Obrador el canciller le transmitía, "palabra por palabra", lo que en las consultas le respondía William Barr. A su vez, el presidente de México hacía lo mismo con los mandos militares del país.

Al procurador general de Justicia de Estados Unidos se le pidió que recurriera al mismo presidente Trump para conseguir el expediente judicial y enviarlo a México. Aunque se formularon algunas sugerencias de que fuera el propio presidente mexicano el que se comunicara con su homólogo estadounidense para interceder por Cienfuegos Zepeda y exigir la entrega del encausamiento, se impuso la prudencia protocolaria y el respeto a la separación de poderes de otra nación y esto no se llevó a cabo. "Hubo la tentación, pero hasta ahí", esclarece el entrevistado.

Pasaron los primeros procedimientos en la Corte del Distrito Central en Los Ángeles, California, y el panorama no pintaba favorecedor para lo que quería la Sedena con carácter urgente. Se empezaron a barajar ante el presidente mexicano una serie de teorías sobre las posibles razones de la detención del general y se habló hasta de conspiraciones alejadas de lo que públicamente acusó Estados Unidos al extitular de la Sedena, aunque sí ligadas al trasiego de drogas ilícitas. Por ejemplo, el relato del exfuncionario de Palacio Nacional resalta un incidente bastante peculiar:

—El exprocurador general de la República [en el sexenio de Carlos Salinas de Gortari] Ignacio Morales Lechuga consideró que la detención en Los Ángeles podría estar ligada a Manuel Bartlett Díaz y al general Juan Arévalo Gardoqui [el primero secretario de Gobernación; el segundo, titular de la Sedena, en el gobierno de Miguel de la Madrid], por lo del asesinato en 1985 del agente de la DEA, Enrique Camarena, en Guadalajara, Jalisco.

Esta sospecha se descartó casi de inmediato, aunque causó incomodidad entre algunos militares.

La ausencia de respuestas que anhelaban los militares provocó que entre los integrantes del gabinete de seguridad de López Obrador se comenzara a urdir un plan de contraataque y presión sobre el gobierno de Trump, que lo obligara a soltar al general Cienfuegos Zepeda sin tanto aspaviento.

El arresto del general mexicano por parte de las autoridades estadounidenses coincidió con la negociación del Departamento de Estado con la SRE para asignar visa a una docena de agentes de la DEA, pues sus antecesores habían salido de México por cambios de asignación o por jubilación. Ebrard recordó la situación y la puso sobre la mesa, lo que agradó a todos en Palacio Nacional y en la Sedena.

"¡A la chingada los de la DEA! Esto es una intromisión", fue el lema con que etiquetaron en Palacio Nacional el plan para hacer que el gobierno de Trump regresara sano y salvo, sin cargos, al Padrino. Desde un principio la Sedena argumentó que lo ocurrido con Cienfuegos Zepeda fue una "violación a la soberanía" y un "atropello a las fuerzas de la defensa nacional y a la ciudadanía", según lo recuerda el exfuncionario de Palacio Nacional.

Y así fue como se armó la estrategia para rescatar a Cienfuegos Zepeda. Otra vez Ebrard sería el interlocutor y quien transmitiría a Barr la decisión del presidente López Obrador: si no regresaban a México sin cargos al general Cienfuegos Zepeda, saldrían expulsados del país los 54 agentes de la DEA y todos los demás funcionarios civiles de esa dependencia estadounidense. Washington y sus agentes necesitaban un escarmiento.

—Todo lo que se le condicionó al gobierno de Estados Unidos fue con carácter de inmediato y urgente. Eso se lo dijo Ebrard a Barr. Ahora, internamente, en Palacio

Nacional, al presidente los militares se lo exigieron así. Lo antes posible, para no inquietar a las fuerzas armadas dada la expectativa del presidente para sus planes de gobierno que, sin el respaldo del ejército, simplemente se joden —revela el exfuncionario, quien participó en esas deliberaciones.

La seriedad y urgencia con las que Barr tomó la advertencia fue para la Sedena y para López Obrador una señal inequívoca de triunfo. El procurador general de Justicia cumplió y Trump claudicó. Para el 26 de octubre de 2020 ya el gobierno de López Obrador se había anotado la victoria. Barr le dijo a Ebrard que en breve recibirían la copia del encausamiento contra Cienfuegos Zepeda, a quien repatriarían exonerado de cargos criminales en Estados Unidos.

No obstante, había una condición: que la FGR a cargo de Gertz Manero diera seguimiento a los posibles vínculos del Padrino con el narcotráfico. El canciller pudo haber respondido a Barr de inmediato que sí, pero la última palabra la tendría que tomar el presidente López Obrador. El mandatario mexicano ni titubeó, recuerda su exasesor: "A Barr el canciller le respondió que México aceptaba".

En México de inmediato se fue preparando el terreno para recibir al general Cienfuegos Zepeda. Gertz Manero se tendría que comunicar telefónicamente con Barr para acordar detalles del seguimiento que daría la FGR y, cuando el expediente arribara a México, López Obrador ordenaría que Scherer Ibarra lo revisara a fondo "para ver qué tenía la DEA en contra del general". Posteriormente el asesor jurídico presidencial compararía sus notas sobre el encausamiento con las del despacho de Gertz Manero.

Ya con el expediente en Palacio Nacional, López Obrador pide que se le envíe una copia a Gertz Manero y ordena a Scherer Ibarra y a Ebrard que revisen los documentos y emitan una conclusión. Al mandatario le urgía entregarle un informe concreto a la Sedena y a los mandos militares que lo traían arrinconado con el asunto de salvar al general Cienfuegos Zepeda.

—En las horas siguientes la oficina de Scherer Ibarra se convirtió en un fuerte. El asesor jurídico del presidente se concentró en revisar el expediente judicial; era la prioridad de ese momento, no había otra urgencia. Lo mismo se hacía en la cancillería, con un poco menos de énfasis claro, por lo que había sucedido en Estados Unidos —matiza el exasesor del presidente de México.

¿A qué se refería cuando dijo "por lo que había sucedido en Estados Unidos"? A las elecciones presidenciales de ese país y a la polémica generada por Trump al no aceptar su derrota ante el candidato del Partido Demócrata, Joe Biden. El proceder de esos comicios presidenciales, los más concurridos por electores en la historia de ese país, se seguían de manera puntual en todo el mundo. ¿Aprovecharía el mandatario el poder ejecutivo para manipular a las autoridades electorales y proclamarse como vencedor? ¿Agentes del Servicio Secreto sacarían a la fuerza a Trump de la Casa Blanca si, pese a ser declarado el candidato derrotado, se negaba a entregar la presidencia a Biden? ¿Qué haría el Congreso para hacer respetar los mandatos electorales y que se cumpliera con la constitucionalidad? ¿Se levantarían en armas, como amenazaban hacerlo, los fanáticos seguidores de Trump que, aturdidos porque su ídolo político, sin tener pruebas, argumentaba que los demócratas, en contubernio con autoridades electorales, habían manipulado el proceso de elección en varios estados?

Éstas eran algunas de las varias interrogantes alrededor de los comicios presidenciales del martes 3 de noviembre de 2020. Para el día 6 ya algunos jefes de Estado y de Gobierno de diversos países del planeta habían llamado a Biden para felicitarlo por su triunfo en las elecciones.

La escaramuza electoral y política en la capital estadounidense por la disputa de la Casa Blanca le restó atención mediática en México al asunto del general Cienfuegos Zepeda. Tras bambalinas, las negociaciones con Barr salían como lo querían los generales mexicanos. El presidente López Obrador en sus mañaneras mantenía un mutismo extraño sobre un asunto que internamente lo tenía contra la pared. El mandatario estaba entregando a los militares el control de empresas paraestatales, de la migración, aduanas y patrullaje policial de pueblos y ciudades a través de la Guardia Nacional, y de acuerdo con su exasesor, le preocupaba que por el caso Cienfuegos Zepeda se le viniera todo abajo. Su apuesta de gobierno estaba cimbrada sobre los verdes.

En la Corte Federal del Distrito Este en Brooklyn se fijó la audiencia con Cienfuegos Zepeda para el 18 de noviembre. Era una sesión judicial que técnicamente era trámite, pues todo estaba ya acordado. La prensa mexicana que acudía a las mañaneras, por su parte, tenía fuera del radar el asunto del Padrino. Eso al presidente López Obrador le favorecía, porque evitaba que se pudiera ventilar algo de lo que ya habían logrado con Barr y como consecuencia de la presión de la Sedena y la Semar. El covid-19 seguía siendo también una preocupación genuina.

Las preguntas relacionadas a Estados Unidos que le formulaban en su conferencia de prensa eran sobre migración, sobre el tema energético y sobre cuándo decidiría replicar a sus contrapartes de otras naciones para llamar por teléfono a Biden y felicitarlo por su triunfo. Polémico por naturaleza, el presidente se rehusaba a hacer esto último con el argumento de que esperaría hasta que las autoridades electorales formalmente lo declararan el ganador de la Casa Blanca.

En la conferencia matutina del miércoles 11 de noviembre, una reportera preguntó cuál era en ese momento la postura de su gobierno respecto a la captura del general

Cienfuegos Zepeda, luego de culminada la elección presidencial entre Biden y Trump:[1]

> Lo estamos haciendo con prudencia, precisamente para esperar a que resuelvan en Estados Unidos lo de las elecciones, no mezclarlo.
>
> [...]
>
> Además, hay plazos, creo que el 8 de diciembre es el día en que el tribunal de allá resuelve, entonces falta poco; y si hay impugnaciones, existen los poderes judiciales estatales y la Corte, pero entonces pronto se va a saber sobre este asunto.
>
> [...] Por eso estamos esperando atender de manera más directa el asunto de la detención del general Cienfuegos, pero sí estamos actuando.
>
> Sí es cierto que se envió una nota diplomática, y es cierto que ha habido llamadas telefónicas [...] entre el secretario Marcelo Ebrard y el fiscal general de Estados Unidos sobre este tema, y también ha intervenido la Fiscalía General de la República, nada más eso es lo que se ha llevado a cabo, pero todavía estamos esperando a que se resuelva lo de la situación electoral.

Scherer Ibarra revisó el encausamiento recibido de Estados Unidos y concluyó que la DEA no tenía nada sostenible que ligara a Cienfuegos Zepeda con los delitos

---

[1] La transcripción completa está aquí: bit.ly/3f1Qo8w

que le imputaron. El asesor jurídico entregó su informe al presidente.

—Luego de que Scherer Ibarra le notifica al presidente López Obrador, se cita a Palacio Nacional a los titulares de la Sedena y Semar. Cuando llegan a verlo el presidente les dice que en el encausamiento no había nada contra el general y que una vez que sea regresado al país se iría tranquilamente a su casa —dice el exfuncionario federal entrevistado.

También el asesor jurídico del presidente se comunicó directamente con el general Sandoval González para darle un informe detallado sobre el contenido del expediente criminal.

"La DEA hizo una chingadera, los gringos hicieron una gran chingadera, para ellos todo mundo es narco. Si no hubiésemos presionado al gobierno de Trump al general Cienfuegos Zepeda lo acusan de complicidad con el narcotráfico y se pudre en una cárcel", cita el entrevistado a uno de los mandos militares que dijo esto cuando fueron informados de las conclusiones del despacho jurídico presidencial. "Para que vea el gobierno de Estados Unidos que tomaron una decisión equivocada. Aquí en México se quedará abierta la investigación, pero no contra el general Cienfuegos Zepeda, sino contra otros que pueden estar implicados", fue otra de las frases que recuerda el exfuncionario federal que declaró otro jefe militar, de quien omite revelar su nombre.

El entrevistado recuerda que, para no cometer errores u omisiones con el expediente recién desempacado y procedente de Washington, Scherer Ibarra le indicó a López Obrador que cotejaría sus conclusiones del encausamiento con las de la FGR. El mandatario dio el visto bueno. El asesor jurídico de la presidencia se fue a las oficinas de la FGR, donde ya tenían copia del expediente, y junto con Alfredo Higuera Bernal, titular de la Subprocuraduría Especializada en Investigación de Delincuencia Organizada de la FGR, se enfrascó en la revisión conjunta. No hubo discrepancia entre Higuera Bernal y Scherer Ibarra, quienes llegaron a las mismas conclusiones respecto al encausamiento: coincidían en que no tenían base ni fuerza las acusaciones de la DEA y los fiscales de Brooklyn en contra del general. La Presidencia y la FGR determinaron que esta última daría seguimiento a la investigación, pues de los documentos se desprendía que "posiblemente un exsubsecretario de la Secretaría Nacional, y no Cienfuegos Zepeda, podría estar ligado a una fracción del cártel de Sinaloa en Nayarit".

Cuando fue develado el expediente criminal contra Cienfuegos Zepeda, y una vez que el general fuera arrestado en Los Ángeles, se conoció públicamente en Estados Unidos que en poder de la DEA, y como evidencia de prueba, estaban unas grabaciones en donde los narcotraficantes hablaban de un alto mando militar mexicano a quien apodaban *El Padrino*. Ése era justamente el eje sobre el cual cimentaron los fiscales de Nueva York la acusación contra el titular de la Sedena en el sexenio de Peña Nieto.

El exfuncionario del gobierno de López Obrador sostiene que las conclusiones de Scherer Ibarra, de Ebrard e Higuera Bernal coincidían en que ese Padrino era un exsubsecretario y no el secretario de la Sedena. Esto detonó la determinación de que la investigación en México se mantuviera abierta. La FGR pidió que la SRE informara a Barr sobre mantener en vigencia el expediente de la pesquisa, como era parte del acuerdo que asumió el gobierno de México.

—Se dio la palabra gubernamental al gobierno de Estados Unidos de que se investigaría el caso, pero no necesariamente contra Cienfuegos Zepeda. Ese detalle jurídico no lo esperaban nunca ni los fiscales en Nueva York ni la DEA; fue la venganza de la Sedena —enfatiza el exasesor del presidente López Obrador.

La disputa y revancha contra la DEA no paró con la repatriación y exoneración del general Cienfuegos Zepeda. El entrevistado añade que casi de inmediato, luego de que el exjefe de la Sedena fuera liberado sano y salvo, el presidente convocó a una reunión urgente a los integrantes del gabinete de Seguridad. El motivo: modificar las leyes para acotar a la DEA y a todas las agencias extranjeras que operan en México. Si los 54 agentes de la DEA querían seguir en el país, tendrían que entregar mensualmente a la SRE un reporte sobre todas sus actividades en el país.

Otra sorpresa como la de Cienfuegos Zepeda no la iba a permitir López Obrador, mucho menos los generales mexicanos. Todos estuvieron de acuerdo.

El miércoles 18 de noviembre de 2020, ante la prensa reunida en Palacio Nacional, López Obrador se presentó acompañado de Ebrard. Unas horas después de esa mañanera se bajaría el telón de la obra de teatro judicial sobre Cienfuegos Zepeda en la corte federal de Brooklyn y, con ello, se cerraba el ampuloso caso que puso a temblar a la Sedena.

Analizando en pretérito las cosas que ocurrieron y las declaraciones que se hicieron, el lector puede con facilidad obtener sus conclusiones; por ello este tecleador recupera lo más destacado de lo que dijeron López Obrador y Ebrard en la mañanera del miércoles 18 de noviembre de 2020, el mismo día en que El Padrino fue repatriado a México:[2]

Bueno, vamos a informar el día de hoy sobre el proceso que se sigue al general Cienfuegos; queremos dejar de manifiesto nuestra postura, informar a los mexicanos sobre este asunto.

Quien ha estado conduciendo esta situación, quien ha mantenido comunicación con autoridades en Estados Unidos y, desde luego, con las autoridades en México, sobre

---

[2] La transcripción completa está aquí: bit.ly/3THSKIq

todo con la Fiscalía, es el secretario de Relaciones Exteriores, Marcelo Ebrard, y él va a informarles. [...]

EBRARD: [...]

El 15 de octubre, como sabemos, fue detenido el general retirado Salvador Cienfuegos Zepeda en el aeropuerto internacional de Los Ángeles, California, lo cual fue comunicado directamente al de la voz por el embajador de Estados Unidos de América en México, el señor Christopher Landau, después de acaecido este hecho. Es decir, el gobierno de México no tuvo información de que había una investigación por parte de las autoridades norteamericanas; sí había comentarios, pero nunca hubo una notificación oficial a México, menos aún de que se iba a proceder su aprehensión.

El 21 de octubre convoqué, por instrucciones del presidente de la República, al embajador Landau a las oficinas de la cancillería para expresarle verbalmente la sorpresa y descontento de México por no haber sido enterado con anticipación de la investigación en contra del general retirado Cienfuegos.

[...]

El 26 de octubre sostuve una conversación telefónica [...] con el fiscal general de Estados Unidos, William Barr, en la que manifesté el descontento del Gobierno de México por la falta de información compartida en este caso.

El día 28 de octubre, el gobierno de México envió, como informé aquí en la mañanera, una nota diplomática a la Embajada de Estados Unidos en México, manifestando nuestro profundo extrañamiento por la falta de información sobre esta investigación y la aprehensión que he referido.

El día 30 de octubre, el director general para América del Norte, Roberto Velasco, recibió físicamente por parte del ministro consejero de la Embajada de Estados Unidos un oficio [...] suscrito por el administrador interino de la DEA [...], el cual fue acompañado con un anexo de 743 páginas.

El día 2 de noviembre, la Secretaría de Relaciones Exteriores turnó este oficio, junto con el anexo, al fiscal general de la República, el doctor Alejandro Gertz Manero, para su análisis en el ámbito de competencia y autonomía de la Fiscalía General de la República, en virtud de estar referidos a posibles ilícitos.

El día 6 de noviembre tuve una segunda conversación telefónica con el fiscal general Barr para notificarle que había a turnado la Fiscalía General de la República el oficio [...] junto con su anexo [...]

Ese mismo día, el señor fiscal general de la República notificó a la cancillería que con fundamento en sus potestades legales solicitó de manera formal, y en los términos del *Tratado de cooperación entre los Estados Unidos Mexicanos y los Estados Unidos de América sobre asistencia jurídica mutua* la evidencia de caso que obraba en poder del Departamento de Justicia de Estados Unidos. El día 11 de noviembre, el gobierno de México recibió de manera oficial la evidencia del caso mediante valija diplomática [...]

Finalmente, el día 17 de noviembre se dio a conocer un comunicado conjunto, elaborado por la Fiscalía General de la República, a cargo del doctor Alejandro Gertz Manero, y el fiscal general de Estados Unidos, William Barr [...]:

"El 15 de octubre de 2020, el exsecretario de la Defensa Nacional de México, general Salvador Cienfuegos Zepeda, fue arrestado en Los Ángeles, California, por cargos estadounidenses de conspiración para fabricar, importar y distribuir narcóticos a Estados Unidos, así como lavado de dinero. Una vez que se tuvo noticias sobre la detención y los cargos imputados por autoridades estadounidenses al general Cienfuegos, la Fiscalía General de la República mexicana abrió su propia investigación.

"En reconocimiento a la sólida asociación institucional entre México y Estados Unidos, y con el interés de demostrar nuestro frente unido contra todas las formas de criminalidad, el Departamento de Justicia de Estados Unidos ha tomado la decisión de solicitar a la jueza que se desestimen los cargos penales de Estados Unidos contra el exsecretario Cienfuegos para que pueda ser investigado y, en su caso, procesado de acuerdo con las leyes mexicanas.

"A solicitud de la Fiscalía General de la República, el Departamento de Justicia de Estados Unidos [...] ha proporcionado a México pruebas en este caso y se compromete a continuar la cooperación dentro de ese marco para apoyar las investigaciones que realicen autoridades mexicanas.

"Nuestros dos países siguen comprometidos con la cooperación en este asunto, así como con toda nuestra cooperación bilateral en materia de aplicación de la ley. […] Esta estrecha asociación aumenta la seguridad de los ciudadanos de nuestros dos países."

[… Continúa Ebrard:] El día de hoy, en consecuencia a todo lo que he expuesto, se celebrará en unos minutos más la audiencia programada para que la jueza conozca y acuerde respecto a esta solicitud que ha hecho la Fiscalía General de Estados Unidos, consistente en desestimar los cargos y trasladar a México al general Cienfuegos para entregarlo a las autoridades mexicanas.

Debo agradecer y reconocer el extraordinario trabajo llevado a cabo por la Fiscalía General de la República de México, porque cualquiera, en el lugar del fiscal general, […] quizá no habría admitido ni habría diseñado las vías legales para lograr este objetivo, pero se ha hecho en función, me lo dijo el doctor Gertz, de la dignidad y los intereses de México.

¿Cuál es la esencia de este acuerdo?

Como lo ha señalado el señor presidente […] la cooperación con Estados Unidos se fundamenta —y debe hacerlo siempre— en el respeto mutuo a nuestra soberanía, a nuestras instituciones.

[…]

Es, por lo tanto, una decisión que reconocemos positivamente y que debe dar lugar a que la cooperación que hemos tenido se mantenga sobre la base, como he dicho, de respeto a la soberanía y, por lo tanto, a la jurisdicción mexicana.

Si hay delitos cometidos, que esto ya estará a cargo de la Fiscalía General investigarlo, sustanciarlo y sustentarlo, en su caso, pues deben ser quienes resulten responsables, procesados ante la autoridad mexicana y presentados ante la justicia mexicana, de acuerdo a las leyes mexicanas.

[…] El día de hoy estaremos muy atentos al desarrollo de esta audiencia, a lo que acuerde la jueza, de acuerdo con sus atribuciones en Estados Unidos, y de confirmarse lo que he expuesto […] estaremos atentos para el traslado del general Cienfuegos a nuestro país.

Siguieron preguntas de la prensa:

PREGUNTA: En el caso de que la jueza autorice que venga para México el exsecretario, ¿va a llegar aquí como calidad de detenido, va a entrar a algún reclusorio o va a tener algún tipo de protección distinto a éste?

Por otro lado, […] no se ha dado a conocer la nota diplomática de extrañamiento. ¿Cuándo tendremos acceso al contenido de dicha nota?

Y, por último, también se […] habla acerca de un acuerdo, alguna negociación que hayan tenido las autoridades de este gobierno y las de Estados Unidos. En caso de que esta especulación sea cierta, ¿se nos podría decir qué tipo de negociación hubo?

MARCELO EBRARD CASAUBÓN: Nos ha pedido el señor presidente que seamos, como lo hemos sido en otras ocasiones, transparentes respecto a cualquier paso que demos, por eso hice una crónica día por día.

La negociación es la que estoy diciendo, no hay nada oculto. […] La conversación con el fiscal general de Estados Unidos fue en esos términos, es decir, no puedes tener una cooperación en una materia como ésta, que es tan compleja, tomando una acción unilateral de esa naturaleza. [Eso] primero.

Segundo, sí hay elementos de los cuales México no estaba informado: a nosotros nos llegó la evidencia, como ya lo dije, apenas […] el día 11, hoy es 17.

[…]

Entonces, México lo que está señalando es: no sabemos a esta fecha si el general Cienfuegos sea o no sea culpable de los cargos que se le imputan. […] Habrá que sustanciar, habrá que probar lo que se dice o, en su caso, desestimarlo. Eso ya lo hará la Fiscalía General de República. Pero, en esencia, la cuestión aquí es si vamos a mantener la cooperación entre los dos países, entonces tiene que respetarse el ámbito de la jurisdicción mexicana. Si tú tienes elementos contra un alto funcionario, aunque haya sido de otra administración, pues los acuerdos vigentes dicen: "Me los tienes que compartir".

[…]

Entonces, esta decisión que se ha tomado me parece que es la mejor solución. Y también significa algo que me parece muy relevante como regla a seguir en la relación bilateral, que es: cuando haya elementos de información respecto a altos funcionarios de México debe hacerse del conocimiento de nuestro gobierno. Ése es un principio fundamental.

[...] El elemento decisivo aquí no es qué les dimos, sino la confianza que hay entre ambos, en las instituciones que tenemos, en quiénes están al frente de las instituciones, y que va a haber una investigación, no es un acuerdo de impunidad porque Estados Unidos no la aceptaría y nosotros menos. [...]

Pregunta: El 16 de octubre, un día después de detenido el general, aquí se dijo que no había ninguna investigación en México en contra de Cienfuegos. El 11 llegó este documento de Estados Unidos, hace unos días. ¿Hay algún elemento adicional en este tiempo que haya sumado el gobierno mexicano contra Cienfuegos, o todo se limita a lo que el gobierno de Estados Unidos está diciendo?

Ebrard: Toda la investigación se limita a la evidencia que nos mandó el gobierno de Estados Unidos, que llegó a México el 11 de noviembre [...].

Pregunta: En la moción del gobierno de Estados Unidos entregó a la jueza para desestimar los cargos, hay una frase que me gustaría que usted la explicara [...] *consideraciones sensibles de política exterior.* [...] ¿A qué se refiere esta frase?

Ebrard: A la cooperación en materia de seguridad. [...] Lo dice el propio comunicado conjunto, si usted me lo per-

181

mite, para no poner palabras propias: "En reconocimiento a la sólida asociación institucional entre México y Estados Unidos, y con el interés de demostrar nuestro frente unido contra todas las formas de criminalidad, el Departamento de Justicia de Estados Unidos ha tomado la decisión de solicitar a la jueza que se desestimen los cargos penales en Estados Unidos contra el exsecretario Cienfuegos para que pueda ser investigado y, en su caso, procesado de acuerdo con las leyes mexicanas". […]

¿Qué significa? Que ponen en alto valor la cooperación con México en materia de seguridad, y eso es una materia sustantiva de política exterior entre ambos países […].

PREGUNTA: ¿Hubo presiones de las fuerzas armadas para que se regresara al general Cienfuegos a México?

[El presidente responde sobre la intervención diplomática, sobre el proceso electoral y sobre el prestigio de las fuerzas armadas, de modo que el periodista repite la pregunta.]

PREGUNTA: Presidente, mi pregunta fue: usted o su gobierno, ¿habían recibido presiones de las fuerzas armadas para regresar a Cienfuegos?

LÓPEZ OBRADOR: No, no. No admitimos presiones de nadie.

PREGUNTA: Pero México planteó ahí, por ejemplo, dejar de permitir la operación de agencias como la DEA.

EBRARD: No, yo no le externé al fiscal general ninguna acción específica, más bien me referí […] respecto a la cooperación basada en la confianza.

Siendo un hombre muy inteligente, porque lo es, que conoce bien a México, [...] le preocupó el impacto que esto podría tener en nuestra relación bilateral y en esa cooperación que a veces es tensa, pero que conviene a los ciudadanos de los dos países. Y tomó una decisión, y esa decisión la reconocemos, sin duda.

PREGUNTA: ¿Lo van a detener o no lo van a detener? ¿Qué pasa si presenta un amparo? ¿Hay algo en esto en el acuerdo?

EBRARD: ¿Qué es lo que pide específicamente el Departamento de Justicia a la jueza que un poco más tarde va a conocer de este asunto? Tres cuestiones específicas.

La primera, que se sirva a ordenar el que se desestimen [...] los cargos presentados, los cuatro.

Segunda, que bajo la custodia del U. S. Marshals Service sea transportado a México y sea puesto a disposición de la autoridad mexicana.

Tercera, que una vez que el general Cienfuegos haya sido transportado y puesto a disposición de la autoridad mexicana se notifique a la corte en Nueva York de que se ha cumplido este acuerdo.

[...]

Si [la jueza] acordase en este sentido, lo que procede es que el general Cienfuegos sea trasladado a México, pero no en calidad de detenido, porque han sido desestimados los cargos, sino en calidad de ciudadano mexicano, repatriado a nuestro país.

Pregunta: Por lo tanto, no se le va a detener.

Ebrard: Si me permite concluir. ¿En qué calidad viene de Estados Unidos? Como ciudadano en libertad, no viene como un detenido. ¿Cuál es la diferencia con un procedimiento de extradición? El procedimiento de extradición se lleva a cabo cuando hay una orden de aprehensión en México, pero ya les informé a ustedes que la evidencia proveniente de Estados Unidos ha sido puesta a disposición de la Fiscalía General de la República apenas hace seis días. Entonces, no viene detenido a México.

La Fiscalía General de la República, desde luego, dará a conocer los detalles. [...] Pero el señor general Cienfuegos viene a México como un ciudadano repatriado por la autoridad norteamericana y se va a poner a disposición de la Fiscalía General de la República en libertad.

No está detenido en ese viaje, es un ciudadano en libertad y en esa condición va a llegar a México.

[...]

Pregunta: ¿El presidente Trump conoció esta decisión antes y la autorizó?

Ebrard: No he podido yo tener un diálogo con el presidente Trump. [...] Lo que sí me queda claro es que la posición del fiscal general de Estados Unidos, dada a conocer ayer en un comunicado conjunto, es la posición del gobierno de Estados Unidos [...].

Pregunta: Entonces, con estos datos que ya nos está compartiendo podemos decir que la Fiscalía General de la

República, con esta información que viene de Estados Unidos, ya abrió una carpeta de investigación.

EBRARD: Sí. [...] En el comunicado conjunto [...] dice: "Una vez que se tuvo noticias sobre la detención y los cargos imputados por autoridades estadounidenses al general Cienfuegos, la Fiscalía General de la República mexicana abrió su propia investigación", después de la detención. [...]

PREGUNTA: ¿Qué tipo de pruebas son las que encontraron las autoridades estadounidenses para imputarle estos cargos al general Cienfuegos? Sobre todo, para saber si no se pueden caer estas pruebas aquí en México pensando que el general aquí tiene relaciones, conocidos, que podrían ayudarlo a tirar esas pruebas, qué tipo de pruebas son, ¿son sólidas, señor canciller?

EBRARD: Primero, por razones legales, no le corresponde al Ejecutivo, y en este caso a la cancillería, calificar esas evidencias.

En segundo lugar, nosotros no podemos dar a conocer esas evidencias, porque son parte de un proceso y hay restricciones de ley. Lo que sí puedo decir es lo siguiente:

Por parte del fiscal general de la República mexicana, el doctor Alejandro Gertz, se solicitó formalmente a Estados Unidos, a la contraparte, proporcionar todos los elementos, todas las evidencias que a la luz de los cargos que presentó el Departamento de Justicia contra el general Cienfuegos deban tomarse en cuenta en la investigación que va a llevar a cabo la Fiscalía, [...] lo cual presupone la determinación de la Fiscalía General de la República de llevar a cabo una investigación exhaustiva.

[...] Yo no calificaría la calidad de esa evidencia, lo hará la Fiscalía General de la República conforme vaya avanzando el proceso y el Ministerio Público tendrá que valorar las pruebas.

PREGUNTA: ¿Son grabaciones, son documentos?

EBRARD: Mandaron documentos, todo está por escrito, hasta donde llega mi conocimiento. [...]

PREGUNTA: ¿Cómo explicarles a los mexicanos que el gobierno de México no tenía conocimiento de estas investigaciones en contra de Cienfuegos?

EBRARD: Porque no nos lo habían compartido, así de sencillo. Si no tuviésemos razón en plantearlo, entonces no habrían tomado esta decisión, es decir, esa investigación debió haberse compartido con México y hubiéramos evitado todo esto.

El exasesor del presidente López Obrador recuerda otro incidente relevante ocurrido en Palacio Nacional antes de la mañanera del 18 de noviembre de 2020, durante la reunión del Gabinete de Seguridad que se llevó a cabo antes de contestar preguntas a los reporteros:

—Cuando todos ya estaban seguros y notificados de que en Estados Unidos no habría acción penal en contra de Cienfuegos Zepeda, el presidente informa al gabinete que iba a dar a conocer el expediente completo. El asesor jurídico, Scherer Ibarra, se opuso a que lo hiciera porque todavía en ese momento no llegaba a México el general. El presidente le respondió: "No me importa". Dejó con la palabra en la boca a Scherer Ibarra y se salió con Ebrard para dar la conferencia de prensa. Cuando terminó el encuentro con los reporteros volvió a discutir con el asesor jurídico, que insistía en que el encausamiento no se hiciera público. "Si yo no lo doy a conocer, vamos a quedar mal con la gente y van a sospechar del general y de las fuerzas armadas, y eso no nos conviene", le espetó el mandatario a su consejero en temas legales y dio por concluida la conversación.

10

A México no se le entregó
el expediente completo

En algún momento, a lo largo de los meses que pasé solicitando entrevistas para este trabajo, llegué a dudar de que conseguiría por lo menos una versión oficial, bajo las reglas periodísticas que fueran, sobre lo ocurrido en el gobierno de Estados Unidos con el caso del general Salvador Cienfuegos Zepeda.

Ya sin Donald Trump en la Casa Blanca y sin William Barr en el Departamento de Justicia, imaginé que podría entrevistar a alguno de los fiscales federales o funcionarios involucrados. Por medio de mis contactos en Washington y Nueva York, durante tres semanas consecutivas intenté cuadrar por lo menos una entrevista. Las respuestas fueron siempre: "No", "Posiblemente", "Es un caso delicado con implicaciones legales para mí sí hablo contigo".

Pero narrar lo ocurrido con el general Cienfuegos Zepeda sin contar lo que pasó con el gobierno de Trump iba a dejar incompleta la historia.

Eran precisamente estas negativas de los funcionarios y fiscales involucrados en la preparación del expediente judicial del Padrino las que me indicaban que, si no se atrevían a hablar, era porque algo no encajaba en la historia oficial que nos contaron los gobiernos de López Obrador y de Trump.

En el Departamento de Justicia de Estados Unidos, ya bajo la presidencia de Joe Biden, no querían saber nada sobre cualquier vestigio dejado por Barr en la dependencia federal, y mucho menos si se trataba de un arreglo internacional por intereses ajenos a la aplicación de la justicia. Me lo dejaron en claro un par de funcionarios de la Oficina de Prensa del Departamento de Justicia bajo la titularidad de Merrick Garland, un exjuez federal respetuoso de procesos judiciales y fiel guardián de la Constitución de su país.

Desesperado por mis tropiezos en la búsqueda de la entrevista, me comuniqué por teléfono con Alan Feuer, el colega de *The New York Times* con quien, como conté en las primeras páginas de este trabajo, había planeado publicar de manera simultánea y en conjunto la historia de la Operación Padrino. Alan me dijo que no tenía ningún problema en que yo publicara en un libro nuestros esfuerzos frustrados para elaborar juntos la investigación ni en que se publicara su nombre.

En términos generales, le conté la cronología del proyecto y le hablé de las entrevistas con funcionarios mexicanos ya pactadas para sustentar la información. Entonces me preguntó si había buscado a los fiscales federales que armaron el caso con la investigación de la DEA para que me dieran una entrevista. Le hice un recuento de la lista de las personas del gobierno estadounidense a quienes les pedí entrevista e insistí en que todos se negaron porque el asunto podría tener implicaciones legales para ellos.

Entonces me preguntó si conocía a un funcionario del Departamento de Justicia que estuvo involucrado en la revisión del proceso. Le respondí que sabía de quien se trataba pero que personalmente no lo conocía, y que no tenía manera de encontrarlo, sobre todo porque había renunciado a su puesto en un acto de inconformidad y protesta por todo lo que hizo Barr como procurador general de Justicia.

Favor con favor se paga, dice un antiguo refrán.

Como yo había ayudado a Alan a conseguir un par de entrevistas para su libro sobre el Chapo Guzmán, él me dijo que intentaría conseguir el número del exfuncionario del Departamento de Justicia e incluso comentarle sobre lo que estaba yo desarrollando del caso del general mexicano. En menos de una hora Alan me devolvió la llamada:

—Quiere platicar contigo. No está seguro de si te concederá la entrevista, pero me autorizó a que te diera su número de teléfono celular. Tendrás que convencerlo, eso ya te corresponde, pero dudo mucho que no lo logres: siempre te sales con la tuya.

Inmediatamente llamé al exfuncionario del Departamento de Justicia, quien admitió que estaba esperando mi llamada o mensaje de texto. De entrada, pidió que le resumiera lo que pensaba hacer y que le diera el nombre de los funcionarios o exfuncionarios mexicanos en mi lista de entrevistas. Lo hice. Enseguida me preguntó si estaba consciente de que cuando renunció él al Departamento de Justicia firmó un documento legal bajo el cual se comprometió a no hablar con nadie, y menos con la prensa, sobre casos judiciales federales que estuvieran inconclusos.

Mi cerebro dio vueltas. Conocía de esa condicionante legal para exfuncionarios del Departamento de Justicia de alto perfil involucrados en el manejo y elaboración de casos judiciales, criminales y civiles. Hablar de ellos *on the record* y violar el acuerdo conlleva ser acusado de cometer el delito de "obstrucción de justicia".

Eso no era lo que provocó el revoloteo de ideas en mi cabeza, sino que, de entrada, a bocajarro, me diera a entender que el caso del Padrino estaba en la categoría de casos inconclusos.

Ocultando la ansiedad que me carcomía, y con el tono más apacible, le contesté que lo sabía y que por ello aceptaría la entrevista bajos las circunstancias que el caso requiriera.

Recuerdo su risa franca tras mi respuesta: "No te he dicho que te concederé la entrevista, pero déjame pensarlo unos días. Te buscaré, aunque sea para darte una negativa".

Unos días después me llamó el exfuncionario y me condicionó la entrevista, por las implicaciones judiciales para él, a que lo identificara y citara como un exfuncionario del Departamento de Justicia involucrado en el proceso contra el general Cienfuegos Zepeda desde el mismo nacimiento del encausamiento definido por la DEA.

El encuentro se pactó para la mañana del 27 de junio de 2022 en la ciudad de Nueva York. El resultado de esa entrevista que narro a continuación coloca las piezas faltantes del rompecabezas del asunto más delicado que ha puesto en riesgo a la cooperación en seguridad entre Estados Unidos y México. A los militares mexicanos nadie los toca, menos un gobierno extranjero y mucho menos el estadounidense.

—Es una vergüenza y un acto de corrupción lo que hizo Barr con el caso Cienfuegos Zepeda. Se burló del Departamento de Justicia y de quienes trabajamos durante cinco años —comenta el exfuncionario antes de tomar un poco del capuchino que minutos antes le sirvieron en el lugar de nuestro encuentro— La del general mexicano está entre las investigaciones más consolidadas que se hayan llevado a cabo en la historia del combate al narcotráfico transnacional. Teníamos todo para procesarlo, las evidencias, los testimonios: todo.

Como funcionario de la Sección de Narcóticos y Drogas Peligrosas del Departamento de Justicia, el también exfiscal federal tiene una larga y extensa experiencia desde el lado legal en el combate al narcotráfico. Ayudó a conformar, procesar y dirigir juicios contra narcotraficantes latinoamericanos de gran calaña, especialmente colombianos y mexicanos que fueron sentenciados a por lo menos una cadena perpetua. Como muestra de ello está el proceso judicial a El Chapo Guzmán Loera, sentenciado a cadena perpetua más otros 30 años de cárcel.

El exfuncionario no se ufana de su labor, sostiene que es obligación moral de cualquier persona contribuir a contener el cáncer del trasiego y consumo de drogas, especialmente en su país.

—Es una problemática complicada en la que se tienen que hacer acuerdos que no satisfacen a nadie, con narcotraficantes y otros criminales, pero al final se les castiga, y cuando salen algunos no duran mucho libres o vivos, porque, o ya están viejos, o los matan en venganza por haber denunciado a otros, o simplemente porque estorbaban a los intereses del negocio de los narcóticos. Lo que hizo Barr con Cienfuegos Zepeda es injustificable, lo exoneraron por encima de todas las evidencias. Prefirieron hacer un acuerdo político con el gobierno de México antes que exponer el gran alcance que tiene el narcotráfico para corromper a militares mexicanos del mayor rango posible —subraya.

La investigación en Estados Unidos contra Cienfuegos Zepeda nació en 2015, cuando el fiscal federal Michael P. Robotti daba seguimiento a un caso de lavado de activos procedentes de la venta de drogas en estados de la Unión Americana. Esa pesquisa, como ya comentamos, estaba ligada a la fracción del Cártel de Sinaloa comandada entonces por Juan Francisco Patrón Sánchez, *El H2*.

Al principio Robotti, como lo recuerda el exfuncionario del Departamento de Justicia, creyó que su trabajo se iba a relegar a la captura de varias decenas de criminales, algunos ciudadanos estadounidenses. Así ocurrió, pero no imaginaba que el caso tendría vertientes con potencialidad de sacudir las estructuras militares y políticas del gobierno de México.

‹Si no hubiésemos tenido en nuestro poder las pruebas que sostuvieran los delitos que se le imputaron y las evidencias para probarlo, nunca un gran jurado como el de Nueva York ni el propio Departamento de Justicia se hubieran arriesgado a lanzar una acusación formal con un individuo de la categoría del general Cienfuegos Zepeda, que, cuando nació su caso era secretario de la Defensa de México. Créeme que no somos tontos, entendíamos las implicaciones.›

La investigación nacional de Robotti también alcanzaba a otros sectores del narcotráfico mexicano, como el Cártel de los Beltrán Leyva. No obstante, esos eventuales cargos y delitos se juzgarían aparte, en otro encausamiento transnacional. Esto al final no se conjugó judicialmente con Cienfuegos Zepeda: la investigación sobre el general se cocinó aparte.

La oficina entera a la que pertenecía el exfuncionario entrevistado se involucró en ello. Cuando Robotti les presentó y los hizo escuchar grabaciones, amén de la lectura de decenas de mensajes de texto, en las que un lugarteniente del H2 mencionó a un importante e influyente general de las fuerzas armadas de México a quien apodaban *El Padrino*, no hubo titubeo entre los fiscales: era un asunto con causas probables, por eso su desarrollo tardó más de 5 años.

—Desde el inicio de las averiguaciones el propio subprocurador de Justicia Richard Donoghue se interesó y apoyó con lo que fuera necesario a la investigación sobre el Padrino. El del general mexicano fue un caso inusual, supervisado en los niveles más altos posibles del poder judicial de Estados Unidos.⟩

Sin precisarme la hoja de ruta que siguieron los fiscales luego del visto bueno de Donoghue y con el fiscal Robotti como brújula, el exfuncionario explica que, cuando el caso se transformó en Operación Padrino, varias agencias federales estadounidenses se concentraron en recopilar "gran número de evidencias, declaraciones de personajes involucrados con El H2 y los Beltrán Leyva, transcripciones de mensajes telefónicos y grabaciones de conversaciones telefónicas llevadas a cabo en Estados Unidos y en México interceptadas por las agencias de inteligencia". Con todo esto en su poder, los fiscales formalizaron la causa penal contra Cienfuegos Zepeda.

—Jamás nos expondríamos al ridículo de que se desechara un caso por falta de evidencias ante una corte como la del Distrito Este, te insisto; teníamos y existen las evidencias para probar las acusaciones. Por eso, con toda la autoridad y seguridad que tuve como fiscal y que tengo como abogado, te afirmo que el Departamento de Justicia no le entregó al gobierno de México el expediente completo del general Cienfuegos Zepeda. Nos encargamos de que esto fuera así, y fue por culpa del gobierno de Trump.

—¿Por qué?

—Antes de que la jueza en Nueva York exonerara al general como se lo exigió el Departamento de Justicia, ya nos habíamos enterado del acuerdo que había hecho Barr con el gobierno de México. Cuando nos dieron la orden de entregar el encausamiento para enviárselo a los mexicanos, lo cercenamos. Barr ni cuenta se dio, porque él nunca revisó el expediente completo. A él se le informó, al igual que al embajador [Christopher] Landau, de lo que se trataba, pero nunca tuvieron acceso a todo lo que se había recolectado para procesar y enjuiciar a Cienfuegos Zepeda.

—¿Qué fue lo que se extirpó del expediente y que no le fue entregado el gobierno de México?

—Documentos, transcripciones de declaraciones de personajes criminales involucrados, pero sobre todo grabaciones de conversaciones telefónicas en México interceptadas por nuestras agencias.

¿ El ejecutivo "exigió" al judicial...

El exfuncionario del Departamento de Justicia me comentó que él estaba enterado lo que Feuer y yo sabíamos del asunto antes de que Cienfuegos Zepeda fuera detenido en Los Ángeles. Al reportero de *The New York Times* y a este tecleador, nuestras respectivas fuentes nos hablaron de la existencia de una grabación en la que presuntamente se escuchaba la voz del mismo extitular de la Sedena en conversación con uno de los líderes del Cártel del H2.

—¿Existe esa grabación? —pregunto al exfuncionario.

—Hay varias grabaciones interceptadas con diferentes personajes de la [Secretaría] de la Defensa [Nacional] de México. A mí ya no me corresponde hablar en específico del expediente porque el caso aquí seguirá abierto y estoy impedido por ley para dar detalles.

—La FGR y el gobierno de México sostienen que en las evidencias que les entregó el Departamento de Justicia por órdenes de Barr no hay grabaciones. Mencionan que en el expediente que recibieron se incluye la transcripción de una conversación telefónica en la que un subalterno del H2 habla con un militar al que le dice "Padrino", pero que no se trata de Cienfuegos Zepeda sino de un general de menor rango.

—Esa grabación existe, pero no es la más contundente ni la más importante ni relevante del encausamiento. Con esa grabación nace la investigación, porque fue la primera ocasión que escuchamos hablar del Padrino. Te repito que ante el acto de corrupción por intereses políticos de Barr le entregamos un expediente pequeño, y en el Departamento de Justicia y en los archivos de los fiscales se quedaron pruebas contundentes, muchísimas, que están bajo la categoría de documentos clasificados.

—¿Por qué hicieron eso?

—Fácil. Todo mundo sabe que en México los generales son intocables cuando se les acusa de cualquier delito nacional o extranjero. ¿Acaso crees que no sabíamos en el Departamento de Justicia qué estaba negociando Barr con el gobierno de tu país para exonerar al general Cienfuegos Zepeda?

—¿Hay en esos archivos clasificados una grabación con la voz de Cienfuegos Zepeda que lo implica con el narcotráfico? —le insisto.

—Es posible, es todo lo que te voy a decir sobre eso.

El acopio de información sobre la Operación Padrino no se limita a las acciones del gobierno federal de Estados Unidos. A partir de que Robotti encuentra la hebra, la recolección se llevó también a cabo en el nivel estatal, y el hilo llegó hasta el juicio del Chapo Guzmán en Nueva York.

Desde que ante el juez Brian Cogan el Chapo Guzmán se sentó en el banquillo de los acusados, para Donoghue las prioridades de combatir y procesar a capos mexicanos se concentraron en dos personajes: Genaro García Luna y Salvador Cienfuegos Zepeda. A García Luna la DEA lo arrestó en Dallas, Texas, en diciembre de 2019, y a Cienfuegos Zepeda en octubre de 2020 en Los Ángeles.

Durante el juicio del Chapo en Brooklyn, en el ir y venir de interrogatorios a testigos por parte de la defensa y la acusatoria, se mencionaron nombres de funcionarios, exfuncionarios, presidentes y expresidentes de México, así como generales y otros militares. Daba la impresión de que ese proceso sería una fuente inagotable de acusaciones de narcocorrupción en México, hasta que Cogan cerró el grifo al establecer que la acción judicial no era para enjuiciar a funcionarios corruptos mexicanos, sino para demostrarle a él y al jurado calificador que El Chapo Guzmán era responsable de que en Nueva York se traficaran toneladas y toneladas de drogas ilícitas.

—Hubo mucha información y testimonios que por esa limitante del juez Cogan se quedaron en manos de los fiscales. Hubiese sido un escándalo mayúsculo, te lo puedo garantizar. Sin embargo, Donoghue nos dio la orden de que a todo lo que quedó pendiente y que fuera de gran envergadura se le diera seguimiento, especialmente a los asuntos de Cienfuegos Zepeda y de García Luna. Del primero casi teníamos todo listo y sólo esperábamos la orden de una corte federal para detenerlo en cuanto llegara a Estados Unidos. Conocíamos su predilección por viajar a Estados Unidos con su familia, era cuestión de tiempo.

Es posible que el engranaje del caso Cienfuegos Zepeda sea uno de esos asuntos para historiadores. Hablo a futuro, cuando se puedan desclasificar los documentos del encausamiento que el exfuncionario del Departamento de Justicia afirma que no se le entregaron a México. Para entonces, y si queda alguien con interés por conocer la verdad, se podría corroborar lo que sospechamos y que en algunas situaciones afirmamos con todo el énfasis posible: que siempre los intereses políticos de los gobiernos están por encima de la verdad y de la justicia que merecemos los ciudadanos de a pie que pagamos sus salarios

Al exfuncionario del Departamento de Justicia le explico que el canciller mexicano, Marcelo Ebrard, me aseguró que en el expediente que les entregó Barr había sustento para una investigación de seguimiento en México por parte de la Fiscalía General de la República, pero no a Cienfuegos Zepeda, sino a un subsecretario de la Sedena, tal vez el personaje involucrado con la transcripción de la conversación telefónica interceptada. Es decir, la misma persona con la que Robotti encendió las luces de alarma y que derivó en la Operación Padrino. Añado que Ebrard asegura que Gertz Manero se comprometió a darle continuidad a eso, después de exonerar completamente al general Cienfuegos Zepeda.

—¡Cuál subsecretario! El expediente está exclusivamente dedicado a un personaje, a Cienfuegos Zepeda. Jesús, no sé de qué está hablando el canciller.

En el gobierno federal de Estados Unidos no están ciegos, como subraya el entrevistado. Conocen la historia reciente de México y el cambio de posición de López Obrador, entre lo que sostuvo como candidato y lo que ostenta ahora al frente de la Presidencia, en relación con la participación de las fuerzas armadas en su gobierno.

—A mí en lo personal ya no me importa, ahora ejerzo la abogacía para un gran despacho privado. Tengo muchos colegas en el Departamento de Justicia y en otras dependencias del gobierno federal de mi país, todos profesionales y de carrera, no designaciones políticas, y ellos me comentan que en Washington hay una gran y genuina preocupación ante la militarización de México por designio del presidente López Obrador.

Hacemos una pausa en la entrevista para disfrutar el café en ese día templado de lluvia en Nueva York. Es el principio del verano en la urbe de hierro, la ciudad que, dicen, nunca duerme. Intercambiamos breves miradas en silencio. Ambos sabemos que el caso del Padrino es un ejemplo irrefutable de que todos los gobiernos nos mienten, sean de la ideología que sean; conservadores, liberales, izquierdistas o de derecha.

—Lo más lamentable es que no es el general Cienfuegos Zepeda el problema, son los miles de muertos en México por la violencia amarrada al narcotráfico, los miles de muertos aquí por una drogadicción incontenible y por el desinterés del gobierno federal para atender sus causas. La gente común y corriente no lo sabe, y tal vez no le importe, pero los intereses de los políticos en turno, en Estados Unidos, en México y en cualquier parte del mundo, están por encima de su bienestar. Condenar a un narcotraficante o a alguien de un perfil de poder e influencia como el del general Cienfuegos Zepeda, al final de cuentas no sirve para cambiar la historia ni la realidad. Ayudaría a poner un ejemplo, pero lamentablemente no lo permitieron, y a eso tu nación y la mía nos tenemos que enfrentar.

Esa reflexión, viniendo de un exfuncionario estadounidense, me incomoda como mexicano y como tecleador.

De cuántas cosas nos enteramos en este oficio, y luego, por las leyes, reglas o falta de valor de las fuentes que nos cuentan detalles de los asuntos más delicados, nos autocensuramos frente al temor de la descalificación y las demandas de quienes puedan sentirse aludidos. Al final de cuentas siempre es la sociedad de una nación la que paga los platos rotos por los errores y acuerdos de los gobiernos y gobernantes, pero también que juzga, para bien o para mal, y ahora más que nunca, gracias a las "benditas redes sociales", parafraseando al presidente López Obrador.

El jueves 19 de noviembre de 2020, un día después de que fuera exonerado y llegara a México el general Cienfuegos Zepeda, AMLO se presentó ante los medios de comunicación en su conferencia de prensa matutina. Ese día lo acompañaron el general Luis Cresencio Sandoval

González, titular de la Sedena, y Marcelo Ebrard. Esto fue lo que, a manera de introducción, declaró Ebrard:[1]

El día de ayer la Fiscalía General de la República, como es de su conocimiento, nos informó lo siguiente.

Después de celebrada la audiencia en Nueva York, y acordada por la jueza a cargo en Estados Unidos, se desestimaron los cargos presentados por el Departamento de Justicia de Estados Unidos en contra del general Cienfuegos, [quien] fue trasladado a Nueva York, al aeropuerto, y de ahí a México.

Arribó a México a las 18:40 horas al hangar de la Fiscalía General de la República, ubicado en el Aeropuerto de Toluca, Estado de México. [...]

El agente del Ministerio Público de la Federación le notificó formalmente al general Cienfuegos de la existencia de una investigación en la que él se encuentra involucrado, "Carpeta que fue iniciada por esta Fiscalía General de la República", dice el comunicado, "con la información que se recibió del Departamento de Justicia de los Estados Unidos de América, y en lo sucesivo la investigación estará a cargo de las autoridades mexicanas a través de esta Fiscalía General de la República".

[...]

[1] La transcripción completa está aquí: bit.ly/3zc6vau

El acuerdo de la jueza en Estados Unidos que conoció de este caso fue en sentido favorable a lo que solicitó el Departamento de Justicia, y apuntó la jueza que su decisión se basa también en que tiene toda la certeza de que en México se va a realizar la investigación correspondiente, es decir, hay confianza, tanto en Estados Unidos como en México, de que la investigación correspondiente será una investigación con los más altos estándares de efectividad y de honestidad, y se confía, se respalda, a la Fiscalía General de la República y al Poder Judicial de México, lo cual nos parece algo muy significativo, proviniendo de las autoridades —también judiciales— de Estados Unidos.

[...]

Sí, el señor presidente de la República nos instruyó que dijéramos con prudencia, pero siempre con firmeza y claridad, la posición de México, que es defender su dignidad y de sus instituciones, y de nuestras fuerzas armadas.

Sí, defender la dignidad, pero de ningún modo permitir impunidad.

De suerte que México ha hecho, señor presidente, defender su dignidad, su prestigio, y también se habrá de hacer justicia conforme lo que la ley mexicana dispone y las investigaciones que llevará a cabo la Fiscalía General de la República.

[...]

Éstas fueron las primeras preguntas y respuestas sobre el caso:

PREGUNTA: El día de ayer, cuando llegó el general Cienfuegos a nuestro país, al enterarse la gente a través de las redes sociales del comunicado de la Fiscalía empezó a haber un descontento en un sector de la población amplio por el proceder de sólo notificarle al general del proceso en su contra y dejarlo en libertad.

Presidente, ¿qué mensaje le manda usted a la gente que ha sido agraviada en varios sexenios con injusticias? [...] ¿Qué mensaje usted le manda directamente al pueblo que votó por usted?

LÓPEZ OBRADOR: Bueno, decirle a todos los mexicanos que tengan confianza, que nosotros tenemos el compromiso de no fallarle al pueblo, que todos los casos pendientes heredados de injusticias se van a seguir atendiendo, se van aclarando, se castiga a los responsables, que no es lo mismo. [...]

Yo entiendo la opinión de la gente, el sentir de la gente. Si se da un caso como el del general Cienfuegos se puede interpretar que ya estamos como los gobiernos anteriores, protegiendo, [...] llevando a cabo nada más una justicia selectiva, dando impunidad.

Pues todo eso no obedece a la realidad, y no tiene nada que ver con lo que somos, se aplica la ley por parejo. [...] Pero [...] así como no debe haber impunidad, tampoco podemos aceptar que se fabriquen delitos.

[...]

No porque se trate de agencias o instancias judiciales de otros países ya ellos son los poseedores de la rectitud y de la justicia.

[Como antes] no estaban a altura las autoridades de México, se fue creando esa idea de que *allá sí, aquí no*; allá sí los castigan, aquí no los castigan.

Entonces, ahora es distinto, lo comentaba yo ayer, ya hay un cambio. Las autoridades en México, en este caso la fiscalía en México, van a hacerse cargo de la investigación y resolver si existen elementos para juzgar al general Cienfuegos o no, porque no se puede acusar a nadie si no hay pruebas.

[...]

Y nosotros lo que queremos es que no haya injusticias de ningún tipo. Que si una persona, sea quien sea, cometió un delito y se le demuestra, que sea juzgado, que no haya impunidad, pero también no fabricar delitos. [...]

PREGUNTA: Pero el temor del pueblo, presidente, es: [...] "Confiamos en la palabra del presidente, pero en el Poder Judicial no, en la Fiscalía no, porque si no ha avanzado en el caso de Lozoya, qué garantías hay de que al general Cienfuegos no se le haga un pacto de impunidad".

LÓPEZ OBRADOR: Se ha avanzado en todos los casos.

Y yo le tengo confianza al fiscal Alejandro Gertz Manero, y estoy seguro de que va a haber resultados.

[...]

Estamos sentando las bases de una nueva forma de impartir justicia.

Esto que sucede con el general Cienfuegos demuestra que hay confianza en el Gobierno de México; si no, no permitirían que se llevara a cabo esta operación, este traslado para que en México sea juzgado si resulta responsable el general Cienfuegos.

Entonces, decirle a la gente, tengan confianza y hacer valer también nuestra soberanía, porque no se puede permitir que agencias del extranjero juzguen a mexicanos si no hay pruebas. Además, existen acuerdos de cooperación que se tienen que respetar.

[...]

No sólo en este caso, ha habido otros casos donde nos han ofrecido que envían personal para perseguir bandas de delincuentes.

Bueno, hubo la propuesta de convertir a delincuentes, a narcotraficantes, en terroristas, y se nos consultó y dijimos: *No*.

¿Por qué?

Porque al tener esa categoría de terroristas, pues entonces cualquier país podría intervenir de manera directa en asuntos que sólo nos corresponden a nosotros.

[...]

Ahora están diciendo de que amenazamos con expulsar a los agentes de corporaciones extranjeras. No amenazamos a nadie, lo único que hicimos fue, por vía diplomática, expresar nuestra inconformidad.

Y nos entendieron muy bien, y se resolvió en esta primera instancia el problema, ahora la Fiscalía es la que va a llevar a cabo la investigación, y esperarnos. Y también decirles: ya no vamos a seguir informando más, o sea, sólo que lo amerite. Si ustedes preguntan, pues voy a tener que contestar, pero me gustaría más, precisamente por la independencia y la autonomía de la Fiscalía, que sea esta dependencia la que esté tratando ya el asunto.

PREGUNTA: El día ayer, el general Francisco Gallardo sostuvo que el Código de Justicia Militar establece una pena de prisión de 30 a 70 años para el soldado que coopere con el crimen organizado, además de la baja de las fuerzas armadas, lo que sería procedente para el general Cienfuegos, de comprobarse las acusaciones hechas en Estados Unidos […]. ¿Nos podrían dar una oportunidad de que aclare este tema el fiscal Gertz Manero en conjunto con el secretario de la Defensa? ¿Podrían venir a una mañanera para que puedan aclarar este tema?

LÓPEZ OBRADOR: No, lo tiene que hacer el fiscal y no caer en especulaciones, en conjeturas.

[…]

Ahorita hay, como en todo, expertos opinando, hasta el *New York Times* y el *Washington Post*, pues en sus notas se equivocaron, porque no amenazamos nosotros de expulsión a los agentes. Dijimos: queremos que se nos informe y que se respeten los acuerdos de cooperación, y esos acuerdos de cooperación tienen un sustento cuando se trata de autoridades honorables. Ese sustento es la confianza, eso fue todo.

[…]

EBRARD: Hoy dice el *Wall Street Journal* que México presionó a Estados Unidos para lograr que se retiraran los cargos, lo mismo dice *The New York Times*. [...] Yo quisiera, para precisar lo que usted está señalando, México lo que está defendiendo es... no estamos defendiendo a una persona. [...]

Lo que está defendiendo México es un principio.

La persona, el general Cienfuegos, va a ser sujeto a una investigación en México, para eso se pidió a Estados Unidos toda su evidencia.

[...] Sería muy costoso para México haber optado por tener esta conversación con Estados Unidos, lograr que se desestime por primera vez en la historia los cargos contra un exsecretario, en este caso, de la Defensa, que sea retornado a México y luego no hacer nada. Y ya sería casi suicida, para eso mejor no decimos nada, que se quede allá.

Entonces, ¿qué es lo que defiende México?

Un principio.

¿Cuál es ese principio?

[...]

El principio es: toda indagatoria, investigación, información, mensajes, todo lo que ocurra en territorio nacional que sea del conocimiento de una agencia de otro país con el que tenemos un convenio de cooperación que se basa en el respeto a la soberanía mutua, debe ser comunicado a México. Primer punto. Está establecido desde 1992, es una obligación, está escrito.

Todas las investigaciones deben ser compartidas al gobierno de la República.

¿Qué fue lo que dijo México? ¿Amenazó?

No, dijo: "A ver, aquí está el convenio, tenemos cooperación en todo".

[...]

¿Se informó al gobierno de México? No.

¿Se violó el acuerdo? Sí, y eso fue lo que dijo México.

[...]

Pues lo que hicimos, lo que nos ordenó el señor presidente, [fue plantear] dos caminos: o se repara esa violación al acuerdo que existe entre ambos, o entonces nosotros pondremos sobre la mesa revisar toda la cooperación.

[...]

Ahora, ¿quién va a determinar si el general Cienfuegos, o quienes resulten en esta investigación, son culpables? ¿Y quién los va a sentenciar en su caso?

Pues la autoridad mexicana. Ése es el principio.

El 14 de enero de 2021 la FGR, por medio del comunicado de prensa FGR 013/21, oficializó la exoneración total de Cienfuegos Zepeda:

- FGR DETERMINA NO EJERCICIO DE LA ACCIÓN PENAL EN FAVOR DEL GENERAL CIENFUEGOS

  Desde el año 2013, durante la administración gubernamental pasada en México, la Administración Antidrogas

211

de Estados Unidos de América (DEA) inició, sin el conocimiento y sin la colaboración de dicha administración mexicana, una investigación de delitos contra la salud, en donde se involucraba al entonces secretario de la Defensa Nacional, general de división Salvador Cienfuegos Zepeda.

Esa investigación la continuó ese organismo que combate a las drogas en el gobierno norteamericano, durante la presente administración, sin haber tampoco informado a las autoridades mexicanas sobre el caso.

El 15 de octubre de 2020, agentes policiacos de ese organismo norteamericano detuvieron al general mexicano Salvador Cienfuegos Zepeda en el aeropuerto de la ciudad de Los Ángeles, California, sujetándolo a proceso por delitos contra la salud y lavado de dinero.

Después de cinco semanas de haber sido detenido el general Cienfuegos, el Departamento de Justicia de Estados Unidos de Norteamérica le solicitó a la jueza que conoció del caso en ese país, que desestimara los cargos en contra de dicha persona; y la jueza federal correspondiente estimó procedente tal petición.

Durante el lapso de su detención, y después de haber sido ya informada sobre el procedimiento, la Fiscalía General de la República (FGR) solicitó y recibió las pruebas que enviaron las autoridades norteamericanas respecto a ese caso.

El 18 de noviembre de 2020, el general Cienfuegos fue entregado por las autoridades norteamericanas al

Ministerio Público Federal (MPF) mexicano, que sujetó al procedimiento legal correspondiente a dicha persona, respetando su derecho constitucional a la presunción de inocencia, en razón de que los cargos en su contra habían sido desestimados por las autoridades norteamericanas y la investigación en México se encontraba en su fase inicial.

El 9 de enero de 2021, el señor general Cienfuegos conoció las imputaciones hechas por las autoridades norteamericanas, así como las investigaciones realizadas por la Fiscalía General de la República en el caso, teniendo acceso a todo el expediente, como corresponde a esa fase procesal.

A partir de esa fecha, dicha persona ha aportado sus elementos de prueba; y la Fiscalía General de la República llevó a cabo todas las acciones necesarias para obtener las evidencias indispensables en este caso.

Del análisis correspondiente, se llegó a la conclusión de que el general Salvador Cienfuegos Zepeda nunca tuvo encuentro alguno con los integrantes de la organización delictiva investigada por las autoridades norteamericanas, y tampoco sostuvo comunicación alguna con ellos, ni realizó actos tendientes a proteger o ayudar a dichos individuos.

Tampoco se encontró prueba alguna de que hubiera utilizado ningún equipo o medio electrónico, ni que hubiera emitido orden alguna para favorecer al grupo delictivo señalado en este caso.

Del análisis de su situación patrimonial y el cumplimiento de sus obligaciones fiscales, no apareció dato alguno o síntoma de obtención de ingresos ilegales o acrecentamiento de su patrimonio fuera de lo normal, de acuerdo con sus percepciones en el servicio público.

Por los motivos anteriores, y con base en los razonamientos y pruebas en la carpeta correspondiente, la Fiscalía General de la República, a través de la Subprocuraduría Especializada en Investigación de Delincuencia Organizada (SEIDO), ha determinado el no ejercicio de la acción penal, en favor del general Salvador Cienfuegos Zepeda.

El exfuncionario del Departamento de Justicia me pregunta si a partir de la exoneración de Cienfuegos Zepeda por parte de la FGR de Gertz Manero ha habido algún amago de investigación independiente sobre la posible corrupción por narcotráfico de militares mexicanos.

—No —le contesto—. Son militares, nadie en el gobierno, y mucho menos de manera independiente, se atreverá a averiguar.

—Es muy lamentable todo esto, porque son nuestras sociedades las que pagan las consecuencias. Lo es también que la DEA ha cometido muchos errores en México.

—¿Como cuáles?

—Compartir información muy sensible con los funcionarios del gobierno de México. Me pasaría horas contándote el número de casos que se nos han escapado porque los implicados reciben la información y se protegen. La corrupción aquí y allá sigue siendo el gran problema.

La mimetización aplicada por la FGR para el caso de Cienfuegos Zepeda será una mancha política e histórica que acompañará siempre al legado de Gertz Manero en la FGR y al de López Obrador en la Presidencia.

—¿No existe manera de conocer algo de lo que no se le entregó al gobierno de México del expediente del general Cienfuegos Zepeda? —cuestiono al exfuncionario.

—No, por ahora.

—¿Cuándo, entonces?

—Es posible que surja algo en el proceso judicial de García Luna aquí en Nueva York, pero no apostaría nada a que eso ocurra, porque tengo la corazonada de que ese exfuncionario mexicano aceptará declararse culpable y no habrá juicio. A menos que sea muy tonto o que sus abogados no le estén dando la asesoría adecuada. Si, como te he explicado, del general Cienfuegos Zepeda teníamos todo para que no tuviera la menor escapatoria durante un juicio, de García Luna los fiscales cuentan con todo para hundirlo y mandarlo a la cárcel el resto de los días que le quedan de vida.

—Si no llega a llevarse a cabo el juicio contra García Luna, ¿habría posibilidad de volver a reunirnos para hablar de las pruebas que no se enviaron a México sobre la presunta relación del general Cienfuegos Zepeda con el narcotráfico?

—Nunca digas nunca. El mejor ejemplo de eso es William Barr, en el asunto del general Cienfuegos Zepeda, y ni qué decir del gobierno de México que, debo admitir, en esto derrotó al de Donald Trump.

Unos días antes de concluir este trabajo, el juez Cogan designó el 9 de enero de 2023 como la fecha de inicio del juicio por narcotráfico contra García Luna. Ese proceso judicial en la Corte Federal del Distrito Este en Brooklyn se iniciaría con la selección de los ciudadanos civiles del estado de Nueva York que integrarían al jurado calificador, cuyas identidades, también por orden del ministro Cogan, se mantendrían en el anonimato. Una vez elegidos, y durante el desarrollo del litigio, serían sometidos a un aislamiento parcial para garantizar su seguridad y por lo complicado y delicado del caso, claro.

Se lanzó la moneda al aire.

Anexos

Expedientes

Selección de documentos públicos que forman parte del expediente del caso Cienfuegos integrado por el Departamento de Justicia de Estados Unidos.

Case 1:19-cr-00366-CBA   Document 1   Filed 08/14/19   Page 1 of 10 PageID #: 1

MPR:CRH/RCH
F. # 2018R01833/OCDETF #NYNYE-801

CR 19-366

COGAN, J.

UNITED STATES DISTRICT COURT
EASTERN DISTRICT OF NEW YORK

BULSARA, M.J.

- - - - - - - - - - - - - - - - - - X

UNITED STATES OF AMERICA

- against -

SALVADOR CIENFUEGOS ZEPEDA,
also known as "El Padrino" and "Zepeda,"

Defendant.

- - - - - - - - - - - - - - - - - - X

INDICTMENT

Cr. No. _____

(T. 21, U.S.C., §§ 841(b)(1)(A)(i),
841(b)(1)(A)(ii)(II), 841(b)(1)(A)(vii),
841(b)(1)(A)(viii), 846, 853(a), 853(p),
959(d), 960(b)(1)(A), 960(b)(1)(B)(ii),
960(b)(1)(G), 960(b)(1)(H), 963 and 970;
T. 18, U.S.C., §§ 982(a)(1), 982(b)(1),
1956(h), 3238 and 3551 et seq.)

THE GRAND JURY CHARGES:

COUNT ONE
(International Heroin, Cocaine, Methamphetamine and
Marijuana Manufacture and Distribution Conspiracy)

1.   In or about and between December 2015 and February 2017, both dates

being approximate and inclusive, within the extraterritorial jurisdiction of the United States,

the defendant SALVADOR CIENFUEGOS ZEPEDA, also known as "El Padrino" and

"Zepeda," together with others, did knowingly and intentionally conspire to manufacture and

distribute one or more controlled substances, intending, knowing and having reasonable cause

to believe that such substances would be unlawfully imported into the United States from a

place outside thereof, which offense involved: (a) a substance containing heroin, a Schedule I

controlled substance; (b) a substance containing cocaine, a Schedule II controlled substance;

221

A SUS ÓRDENES, MI GENERAL

property of the defendant up to the value of the forfeitable property described in this forfeiture

allegation.

(Title 18, United States Code, Sections 982(a)(1) and 982(b)(1); Title 21, United

States Code, Section 853(p))

A TRUE BILL

FOREPERSON

RICHARD P. DONOGHUE
UNITED STATES ATTORNEY
EASTERN DISTRICT OF NEW YORK

8

222

UNITED STATES DISTRICT COURT
CENTRAL DISTRICT OF CALIFORNIA

UNITED STATES OF AMERICA,

Plaintiff,

vs.

Salvador Cienfuegos-Zepeda

Defendant.

Western Division

Case Number: 2:20-MJ-05010
Initial App. Date: 10/16/2020
Initial App. Time: 1:00 PM

Out of District Affidavit
Custody

Date Filed: 10/16/2020
Violation: 21 USC 846
CourtSmart/Reporter: **Terri Harrigan**

PROCEEDINGS HELD BEFORE UNITED STATES
MAGISTRATE JUDGE: Alexander F. MacKinnon

CALENDAR/PROCEEDINGS SHEET
LOCAL/OUT-OF-DISTRICT CASE

PRESENT: Pierson, Stacey

Deputy Clerk

Ben Balding

Assistant U.S. Attorney

F. Javier Villalobos

Interpreter/Language Spanish

☐ INITIAL APPEARANCE NOT HELD - CONTINUED
☐ Defendant informed of charge and right to: remain silent, appointment of counsel, if indigent, right to bail; bail review and preliminary hearing OR of removal hearing / Rule 20.
☐ Defendant states true name ☐ is as charged ☐ is
☐ Court ORDERS the caption of the Indictment/Information be changed to reflect defendant's different true name. Counsel are directed to file all future documents reflecting the true name as stated on the record.
☐ Defendants advised of consequences of false statement in financial affidavit. ☐ Financial Affidavit ordered SEALED.
☐ Attorney: ____ ☐ Appointed ☐ Prev. Appointed ☐ Poss. Contribution (see separate order)
☐ Special appearance by: ____
☐ Government's request for detention is ☐ GRANTED ☐ DENIED ☐ WITHDRAWN ☐ CONTINUED
☐ Defendant is ordered: ☐ Permanently Detained ☐ Temporarily Detained (see separate order).
☐ BAIL FIXED AT $ ____ (SEE ATTACHED COPY OF CR-1 BOND FORM FOR CONDITIONS)
☐ Government moves to UNSEAL Complaint/Indictment/Information/Entire Case: ☐ GRANTED ☐ DENIED
☐ Preliminary Hearing waived.
☐ Class B Misdemeanor ☐ Defendant is advised of maximum penalties
☐ This case is assigned to Magistrate Judge ____. Counsel are directed to contact the clerk for the setting of all further proceedings.
☐ PO/PSA WARRANT ☐ Counsel are directed to contact the clerk for District Judge ____ for the setting of further proceedings.
☐ Preliminary Hearing set for ____ at 4:30 PM
☐ PSA set for: ____ at 11:00 AM in LA; at 10:00 AM in Riverside; at 10:00 AM in Santa Ana
☐ Government's motion to dismiss case/defendant ____ only: ☐ GRANTED ☐ DENIED
☐ Defendant's motion to dismiss for lack of probable cause: ☐ GRANTED ☐ DENIED
☐ Defendant executed Waiver of Rights. ☐ Process received.
☐ Court ORDERS defendant Held to Answer to ____ District of ____
☐ Bond to transfer, if bail is posted. Defendant to report on or before ____
☐ Warrant of removal and final commitment to issue. Date issued: ____ By CRD
☐ Warrant of removal and final commitment are ordered stayed until ____
Case continued to (Date) 10/19/20 (Time) 1:00 AM/PM
Type of Hearing ____ Before Judge MacKinnon Duty Magistrate Judge.
Proceedings will be held in the ☐ Duty Courtroom ☐ Judge's Courtroom No. ____
☐ Defendant committed to the custody of the U.S. Marshal ☐ Summons; Defendant ordered to report to USM for processing
☐ Abstract of Court Proceeding (CR-53) issued. Copy forwarded to USM.
☐ Abstract of Order to Return Defendant to Court on Next Court Day (M-20) issued. Original forwarded to USM.
☐ RELEASE ORDER NO: ____
☐ Other: ____

☐ PSA ☐ USPO ☐ FINANCIAL ☐ READY

Deputy Clerk Initials

M-5 (10/13)   CALENDAR/PROCEEDING SHEET - LOCAL/OUT-OF-DISTRICT CASE   Page 1 of 1

A SUS ÓRDENES, MI GENERAL

U.S. Department of Justice

United States Attorney
Eastern District of New York

AB:MPR/CRH/RCH
F. #2018R01833/OCDETF #NYNYE-801

271 Cadman Plaza East
Brooklyn, New York 11201

October 16, 2020

By ECF

The Honorable Carol B. Amon
United States District Court
Eastern District of New York
225 Cadman Plaza East
Brooklyn, New York 11201

        Re: United States v. Salvador Cienfuegos Zepeda
              <u>Criminal Docket No. 19-366 (CBA) (E.D.N.Y.)</u>

Dear Judge Amon:

        The government respectfully submits this letter in support of its motion for a permanent order of detention for the defendant Salvador Cienfuegos Zepeda. The defendant held the position of Secretary of National Defense in Mexico from 2012 to 2018. The defendant abused that public position to help the H-2 Cartel, an extremely violent Mexican drug trafficking organization, traffic thousands of kilograms of cocaine, heroin, methamphetamine and marijuana into the United States, including New York City. In exchange for bribe payments, he permitted the H-2 Cartel—a cartel that routinely engaged in wholesale violence, including torture and murder—to operate with impunity in Mexico.

        In connection with his crimes, on August 14, 2019, a grand jury sitting in the Eastern District of New York returned an indictment charging the defendant with drug trafficking and money laundering crimes. That same day, U.S. Magistrate Judge Vera M. Scanlon issued a warrant for the defendant's arrest.

        Federal agents arrested the defendant yesterday in Los Angeles, CA. He is scheduled to make his initial appearance on a removal complaint in the Central District of California today, and the government expects that he will be transported to the Eastern District of New York and arraigned on the indictment in the coming weeks. For the reasons set forth below, at his arraignment in the Eastern District of New York, the Court should enter a permanent order of detention, as no combination of conditions can secure the defendant's appearance at trial.

224

III.   Conclusion

      For the foregoing reasons, the government respectfully requests that the Court issue a permanent order of detention.

Respectfully submitted,

SETH D. DUCHARME
Acting United States Attorney

By: /s/
     Michael P. Robotti
     Ryan C. Harris
     Craig R. Heeren
     Assistant U.S. Attorneys
     (718) 254-7000

7

Case 2:20-mj-05010-DUTY   Document 9   Filed 10/23/20   Page 1 of 1   Page ID #:20

UNITED STATES DISTRICT COURT
CENTRAL DISTRICT OF CALIFORNIA

United States of America	CASE NUMBER:
PLAINTIFF(S)	20-05010M

v.

SALVADOR CIENFUEGOS-ZEPEDA,

FINAL COMMITMENT AND WARRANT OF REMOVAL

DEFENDANT(S).

Eastern   District of   New York

At _____
(City)

To: United States Marshal for the Central District of California

The above-named defendant is hereby remanded to your custody and you are hereby ORDERED to remove him/her forthwith, along with a certified copy of this Commitment, to the custodian of a place of confinement within the District of Origin, approved by the Attorney General of the United States, where the defendant shall be received and safely kept until discharged in due course of law.

This defendant was arrested in this District after the filing of a(n):

☑ Indictment ☐ Information ☐ Complaint ☐ Order of court
☐ Pretrial Release ☐ Probation ☐ Supervised Release ☐ Violation Notice
   Violation Petition   Violation Petition   Violation Petition

charging him or her with   (brief description of offense) Manufacture, Distribution and Importation Drug Conspiracies; Conspiracy to Launder Narcotics Proceeds.

☑ in violation of Title _____21_____ United States Code, Section (s) 963, 960, 846, 841(b)(1), etc.

☐ in violation of the conditions of his or her pretrial release imposed by the court.

☐ in violation of the conditions of his or her supervision imposed by the court.

The defendant has now:

☑ duly waived arrival of process.
☑ duly waived identity hearing before me on OCTOBER 20, 2020
☐ duly waived preliminary hearing before me on _____
☐ had a preliminary hearing before me on _____, and it appears that there is probable cause to believe that the offense so charged has been committed and that the defendant has committed it.
☐ had an identity hearing before me on _____, and it appears that the defendant is the person named as charged, and:
    ☐ Bail has been set at $_____ but has not been posted.
    ☐ No bail has been set.
    ☑ Permanent detention has been ordered.
    ☐ Temporary detention has been ordered.

10/23/2020
Date

United States Magistrate Judge

RETURN

Received this commitment and designated prisoner on _____, and on _____,
committed him to _____ and left with the custodian at the same time
a certified copy of the within temporary commitment.

United States Marshal, Central District of California

Date _____   Deputy _____

M-15 (01/09)   FINAL COMMITMENT AND WARRANT OF REMOVAL

Carta

Carta firmada por Marcelo Ebrard y Alfonso Durazo dirigida al exprocurador de justicia estadounidense William
Barr, notificándole que cambiarían las reglas de seguridad sobre la presencia de agentes extranjeros en México.

Ciudad de México, a 17 de Marzo de 2020

SEÑOR WILLIAM BARR,
FISCAL GENERAL DE LOS ESTADOS UNIDOS DE AMÉRICA
PRESENTE.

Como es de su conocimiento, la administración del Presidente Andrés Manuel López Obrador, dedica todo tipo de esfuerzos para erradicar la grave problemática de criminalidad que tanto Estados Unidos como México, hemos venido padeciendo en las últimas décadas.

Reconocemos el trabajo y las investigaciones realizadas por parte de las autoridades estadounidenses para perseguir a las organizaciones criminales de origen y operación en territorio de los Estados Unidos, vinculadas al Cártel Jalisco Nueva Generación. De igual manera, apreciamos su enfoque que atiende la transnacionalidad de este problema y sus consecuencias.

El carácter transnacional de los grupos criminales nos obliga a fortalecer la cooperación, compartir información e inteligencia entre nuestros países. El Grupo de Alto Nivel en Materia de Seguridad (GANSEG) es un mecanismo bilateral que refleja nuestra voluntad política y nos ha permitido avanzar en una ruta común en la materia. En ese contexto nos permitimos plantear la conveniencia recíproca de que cada país pueda fortalecer su propio esfuerzo de investigación e inteligencia, con aquellas acciones desarrolladas por el otro.

El propósito es hacer más efectiva la cooperación para complementar las investigaciones que cada uno llevamos a cabo en nuestros países para hacer frente a los cárteles de la droga. Es así, que respetuosamente solicitamos acceso a la investigación y operación que la Drug Enforcement Administration (DEA) desarrolló, bajo el nombre "Proyecto Python" para perseguir y someter a proceso judicial a criminales que llevan a cabo sus acciones en territorio estadounidense; por tal razón le solicitamos nos pueda compartir los nombres y alcances de estos grupos delictivos, así como su posible vinculación con las organizaciones criminales mexicanas para avanzar conjuntamente a través de nuestras respectivas instituciones de seguridad.

Av. Constituyentes 947, Belén de las Flores, C.P. 01110 Álvaro Obregón, CDMX. T: 01 (55) 11836608 www.gob.mx

SEGURIDAD   **SRE**

De igual manera, hacemos referencia a la información que el pasado 9 de febrero del 2020 fue publicada en la revista mexicana *Proceso*, número 2258 bajo el título "Carteles Domésticos, el nuevo problema de EU ", tanto de manera escrita, como en su versión electrónica, con el vínculo https://www.proceso.com.mx/617290/hay-carteles-domesticos-en-estados-unidos, de la autoría del periodista mexicano J. Jesús Esquivel y en la cual entrevista al señor Polo Ruíz, Agente Especial a cargo (SAC) de la DEA en Arizona, funcionario federal del Gobierno de Estados Unidos adscrito a la citada agencia.

En el artículo se citan al menos cuatro organizaciones delictivas, involucradas en el tráfico de drogas, cuyo origen se identifican en Estados Unidos de América (*Hells Angels, Los Bandidos, Gangsters Disciples y Calle 18*), reconociendo, a la vez, la existencia de nexos entre estas organizaciones con grupos criminales mexicanos (*Cártel de Sinaloa y Cártel Jalisco Nueva Generación*) para el trasiego de enervantes, en especial el Fentanilo.

Esta relación conlleva a una cadena de actos ilícitos además de la producción, tráfico, venta y consumo de narcóticos, como *lavado de dinero* o blanqueo de capitales, tráfico de armas y de personas, entre otros. Además de los efectos nocivos para la salud de nuestras poblaciones y la pérdida de vidas humanas.

El Gobierno de México, a través de la Secretaría de Seguridad y Protección Ciudadana y la Secretaría de Relaciones Exteriores, agradecerá la información que en este sentido nos pueda Usted hacer llegar por el conducto que así determine.

ATENTAMENTE

C. ALFONSO DURAZO MONTAÑO
SECRETARIO DE SEGURIDAD Y
PROTECCIÓN CIUDADANA

C. MARCELO EBRARD CAUSAUBÓN
SECRETARIO DE RELACIONES
EXTERIORES

Av. Constituyentes 947, Belén de las Flores, C.P. 01110 Álvaro Obregón, CDMX, T: 01 (55) 11036600 www.gob.mx

A sus órdenes, mi general de J. Jesús Esquivel
se terminó de imprimir en febrero de 2023
en los talleres de
Impresora Tauro, S.A. de C.V.
Av. Año de Juárez 343, col. Granjas San Antonio,
Ciudad de México